永松茂久

極簡人脈

楓書坊

◉想要和很棒的人相遇，擁有更好的人生。
◉因為人脈不廣，而感到自卑。
◉現在感覺與周圍人的關係不太對勁。
◉每當看到熟人的社群媒體，就感到精神疲勞。
◉當看到別人過得順遂幸福，就感覺心裡亂糟糟的。
◉總是過於迎合他人。
◉職場上有難相處的人而感到苦惱。
◉如何面對與重要之人分開的痛苦。
◉想要擁有真正的關係。

——本書贈予有這些想法的人。

前言　與人的連結太少，會令你感到無謂的焦慮嗎？

「必須多多接觸人，和人建立聯繫才行。」

「我有想做的事，但我的人脈實在不夠廣。」

「想要事情進展順利，最快的捷徑就是與許多人建立起關係。」

「但是我不擅長與人交際。」

「我不太會處理人際關係上的問題。」

我們容易無條件地相信這世上看似完美無瑕的既有觀念。

若是能毫不猶豫地執行這些理念，自然沒問題；但是我們往往會因無法照著做，而感到迷惘。

我撰寫這本書的契機，就是希望解決這種迷惘，讓每個人能不要耗費無謂的心力，在現階段更輕鬆地為自己打開嶄新人生的大門。

一言以蔽之，**我希望幫助各位從「人脈至上」的主流觀點中解放**。

這是本書唯一想要傳達的主旨。

這個時代下，心靈感到寂寞的人愈來愈多。

儘管綜觀歷史，我們生在最容易與人建立聯繫的時代中，卻無法與人建立深層的聯繫。或者應該這麼說，我們會下意識地避免與人建立更深的聯繫。

如今網路與社群媒體普及，乍看之下我們增加了與人相遇的機會。

實際上，也確實愈來愈多人透過這些管道與人接觸。

然而，就算這麼做了，最終還是會感到莫名地空虛、徒增寂寥感。

相反地，在網路普及之前、沒那麼便利的「類比時代」（編註：Analog Age，類比技術是基於連續訊號的傳輸，而非現在數位時代以二進位數字形式處理訊號），人們主要還是以與人直接交談的實際溝通為主，舉凡電話聯繫、與朋友共度時光、與鄰里間的來往等等。

這樣確實費時，而且可能衍生出一些麻煩，卻是人與人之間充滿真情的交流。

可惜這些都成為遠古時代的常識，一切都被簡化了。

不只人際關係如此。

如今隨處可見提倡「快速」、「短時間」的書和資訊。

但不可否認的是，愈來愈多人追求這種快節奏，卻浪費了更多無謂的時間。

換句話說，過於省時，反而是繞了遠路。

不瞞各位，我也曾是這樣的人。

我有段時間一直在尋求能夠改變人生的機遇，像是漫無目的的無家者一樣迷惘地生活著。

然而僅僅一天的經驗，就顛覆了我當時的價值觀。

我敢確信，各位在看完我在那天的對話、瞭解其中的想法後，一定能破除大部分的迷惘。

起初，你應該會跟我當初知道這種想法時一樣，覺得這麼做好像很花時間。

但是讀到最後你就會發現，這種看似繞遠路的生活方式，其實是最快也最好建立優質關係的捷徑。

無論是什麼人，隨著年歲增長，都會遇到某件事或因為知道了一種想法，而完全改變至今堅信的價值觀。

在我至今為止的人生中，其實有過好幾次這種經驗；其中對我造成最大影響的一次，是十七年前，也就是我三十歲的時候。

我以新價值觀生活至今，已經完全習慣了。如今一看才發現，原來這麼多人像曾經的我那樣抱持著舊有的觀念度日。

這個對我影響深遠的觀念，就是有關於「人際關係」。

正在看著本書的你又是如何呢？你也無條件地認為「人脈就是愈廣愈好」嗎？你是不是盲目地相信這個價值觀，並且總是在想：「哪裡能建立起好人脈？」「我應該去認識更多的人。」

現在，我要自信地斷言：

「交友圈愈窄愈好。」

但是，這麼做是有條件的。
不是單純交友圈愈窄愈好。
與人建立起關係後，要盡可能達到深厚的連結。
很遺憾地，對大部分的人而言，很難建立起又深又廣的關係。
為什麼呢？
因為每個人的一天都只有二十四個小時，我們打從出生起就受到這個共同的制約束縛。
舉例來說，你與許多人認識，在他們身上要花費平等的時間，那你與單一個人交流的時間自然會變少。

人會因為相處的次數，以及相處時做了什麼、花了多長時間，而逐漸產生依戀。

換句話說，你能和一個人建立起多深厚的關係，取決於你和這個人共同度過的時間多有意義。

因此，在與一個人建立起深厚關係前，你就離他遠去、在其他人身上花太多時間，就會自然而然地削弱他對你的依戀。

最終無法建立起深厚的關係。

像這樣不斷擴展自己的人際網絡，到時真的出事的時候，這些人也都不會趕來幫助你。

當這個事實擺在眼前時，你就會發現自己至今依賴的「人脈」都只是腦中的幻想，現實只會將你逼到窮途末路。

正因如此，我特別希望各位不要遇到這種情況，真正建立起對你有用的人際關係。

接下來，請各位透過我的經驗，一起走過那些成為這個理論根據的時光吧。

故事的舞台就在十七年前，我像往常一樣前往東京向我的人生導師學習的時候。

那天的課程主題就是「人際關係」。

第1章　人脈至上的迷思

第2章　真正該重視之人

第3章 工作上的同行者

第4章　物以類聚的法則

最終章　提高人生價值的方法

序章 「廣結人脈」會毀掉自己？

二〇〇五年，十七年前的某個秋天早晨，當時的我才三十歲。

東京某個老街區（編註：下町）的商店街走到盡頭，旁邊小路上有一間小小的事務所。

我來到了這裡，桌子對面坐著事務所的主人。

這位主人，正是日後將我的人生引向不可思議美好方向的大企業家。

一切從他隨口問的這句話開始，徹底改變了我的價值觀：

「第一次見面的時候，你說自己最喜歡廣結人脈，特長是具有行動力和靈活性。你現在還是這樣，到處去見各種各樣的人嗎？」

我自信滿滿地回答：

「是的，我一直在與人見面。很多人都告訴我『人生會因為遇見而改變』。」

「是嗎……」

咦？他的反應似乎不太熱烈。難道我說錯了什麼？

我的腦中浮現了一絲不安。

一般來說，應該會得到這樣的回應才對：「這很好啊。人生確實會因為遇見誰而發生巨大變化。所以，多見見人、聽聽他們的想法、開闊自己的視野，是非常重要的。」

每個人在談話時，總會在腦中預想對方會給出什麼「正常的回應」。

但如果對方的反應不太對勁，就會打亂對話的節奏，失去預期的和諧感。

當時的我，大概完全陷入了這種失衡的狀態。

我小心翼翼地問道：「請問……我是不是說錯了什麼？」

「不，如果你覺得這樣很開心，倒也無妨。不過啊……」

接下來的話，對當時的我來說，完全無法想像會是什麼。

就在我腦中思緒萬千時，他接著說道：

「挺浪費時間和金錢呢。」

「？？？」

這已經不只是失去預期的和諧感，而是完全超出了我的想像。

他的回答和我所預想的差距太大，我的腦袋瞬間當機了。

坐在我面前的這個人到底在說什麼？我完全無法理解其中的意思。

「不、不會的！我把金錢和時間都投入到認識新朋友上了！」

「為了什麼？」

「這、這是為了未來！是為了擴展人脈！」

我彷彿一名遭隱形拳頭重擊而搖搖欲墜的拳擊手，幾乎快被擊倒了。

「難道我真的錯了嗎？」

我像是疲憊不堪、幾乎要倒地的拳擊手般，對對手使出纏抱技，下意識地想要挽回局面。

「不，你並沒有錯，一般來說確實是這樣的。你年紀輕輕就有這麼強烈的上進心，希望透過認識更多人來取得成功，這點確實值得敬佩。」

他語氣平和，卻話鋒一轉：「但是，很多人過於追求廣結人脈，結果忽略了現在真正該做的事。最後，他們會失去真正重要的人，甚至毀了自己。」

我徹底喪失戰意，被擊倒在地。

最後，我安靜地坐在擂台的角落，專心聆聽他接下來要說的話。

「我再問一次，你為什麼那麼想和這麼多人見面呢？」

「呃，總覺得可能會遇到一些好機會吧。」

「換句話不加修飾地說，你是為了自己的利益才去見那些人的，對吧？」

「呃，啊，不是……」

他好似直接將我內心最深處的想法用語言具象化了，我一時語塞，無法反駁。

「當然，每個人心裡多少都有這種念頭，像是『見到這個人或許能有什麼好處』。

但是，假如情況反過來，有人來找你，只是因為他們覺得『永松先生一定能給我什麼好處』，心懷這樣的算計來接近你，你會高興嗎？」

「……不會，感覺有點令人難過。」

「對吧。當然，任何人都會追求一定的利益，這並不是什麼壞事。但相對地，那些你想見的人，也必然對你抱有某種期待，這沒錯吧？那麼，**你有想過自己能為他們提供什麼好處嗎？**」

坦白說，我從來沒想過這件事。

雖然我至少會帶上一點小禮物，但那些我想見的人，多數早就習慣收禮了。有些人甚至在他們的社長辦公室裡堆滿了還沒拆封的禮物。

「你現在幾歲來著？」

「剛滿三十歲。」

「開始經營事業多久了？」

「已經四年了。」

「這樣的話，你應該還處於創業初期，沒有充裕的資金吧？」

「是的，說實話，資金還算不上充裕。」

不，我其實賺不少了——

我真的很想這麼回答，但當時我的生意確實還處於勉強維持的狀態。正因如此，我才會覺得多認識社會上有影響力的人，可能對我有利。

在這件事上撒謊也沒什麼意義，所以我如實回答了。

而接下來的對話和提問，徹底改變了我的人生。

「我認為，你現在的做法，無疑是在繞遠路。確實，正如你所說，人生會因為你遇見什麼樣的人、與什麼樣的人同行而大不相同。你遇到的人，可能會帶你去夏威夷，也可能把你帶到南極，甚至可能讓你陷入牢獄。但反過來說，也可能帶你去到沒人去過的天堂。與你同行的人，就是真的如此重要。」

就在我對自己一直以來深信的價值觀產生疑問、陷入混亂時，他對我拋出了一個問題。

「接下來的人生，你想與誰同行？」

第 1 章

人脈至上的迷思

「大就是好」的
時代早就結束了。

機會只在外面？

「人脈愈廣愈好。」

我二十六歲開始創業時，毫不懷疑地打從心底相信這句話。

因此，我總是時常參加受邀活動、派對和交流會。

我會拚命擠出與員工一同辛苦賺來的一點錢，只要聽說有什麼「了不起」的人，就會去日本全國各地見他們。

正如在序章中提到的那位大企業家（以下稱為導師）所言，我當時抱持的心態就是「如果遇到某個人，或許就能獲得改變人生的機會」。

也就是說，**我當時的思考方式是「我能從對方那裡得到什麼？」而不是「我能為**

對方提供什麼？」

那時候，我根本沒有多餘的心力去考慮對方的利益。

幸運的是，從知道這個新價值觀的那一天起，過了十七年、也就是到了現在的二〇二二年，雖然我的人脈不算廣，但已經擁有幾位能夠真正相互磨練、互相幫助的重要人物。

寫這篇文章的時候，我回想著：「這些人是在哪裡遇到的呢？」發現大多數都是從工作場合中認識，或者是來店裡的客人。

那些我主動去尋找的交流場所，幾乎沒有帶來什麼真正有價值的人脈。

也就是說，與其無目的地四處奔波，我更應該專心於自己的工作，反而能有更好的邂逅。

「要去外面、得去外面，因為機會只在外面。」

我當時深信這樣的想法，透過別人介紹，才勉強讓導師來到我的店，有了這場翻轉我人際關係的對話。

我很奢侈地享受到了一對一的指導。

場景再次回到序章的開頭。

「你跑去見這麼多人，到底想做什麼？」

「咦？沒什麼，我想說可以從他們身上學到東西，或者開闊一些機會。」

「這確實可能是一件好事，但你要知道，那些你想見的成功人士，很快就能看出來，你是『單純的交友愛好者』還是『真心專注於工作的人』。」

我當時完全是屬於前者，成癮於不斷去拜訪成功人士中無法自拔。

「而且你知道嗎？對那些成功人士來說，比起只是一味想從他人身上得到機會的年輕人，真正專注於自己的工作、並且努力讓別人開心的年輕人，才更有吸引力。與其自己去找人見面，不如讓別人主動來找你，這樣的生活方式不是更好嗎？」

當這些話平淡無奇地被說出來時，我不禁感到羞愧。

我突然覺得自己像是漫畫或連續劇裡的配角，總是試圖從他人那裡獲得好處。

消失的錢包

「我話是不是說得重了？你的表情有點黯淡啊。」

我自認為自己基本上算是開朗的人。

然而，正因如此，我的喜怒哀樂也很容易被察覺，周圍的人都這麼跟我說過。

「沒關係，我想繼續聽您說。」

我重新振作起來，調整好姿勢。

「不只是你，很多人都會追求『外面』的機會。這樣看起來，機會似乎會更多。確實，去外面或許能遇到好機會。但這一切有個前提條件，你知道是什麼嗎？」

「不，完全不知道。」

「這個必要條件就是，最重要的人是否感到滿足，並且能帶著溫暖的心送你去外面。如果你現在是強行自己去外面，代表你還有更應該做的事情。」

「更應該做的事情……」

「看來你還沒完全明白，那我問你一個問題。你有過把錢包放在包包裡，卻在不停找錢包的經驗嗎？同理，你現在其實已經擁有最棒的人脈了，只是你還沒意識到，而不自覺地四處奔波罷了。」

我常常這樣，總是找不到錢包。除了錢包，也有過把鑰匙放在口袋裡，卻一直找鑰匙；或者把眼鏡掛在頭上，卻還在四處尋找眼鏡。

每當遇到這種情況，都是周圍的人告訴我：「東西就在那裡啊！」

「對你來說，最重要的人脈是什麼呢？」

是什麼呢？我從未深刻思考過這個問題。

「這個問題可以晚點再想。事實上，我不太喜歡用『人脈』這個詞。因為這麼說就像是為了自己在工作或人生中的利益，而去刻意經營的。」

「既然如此，什麼說法比較好呢？」

「對我來說，比起『人脈』，我更喜歡用『連結』這個詞。」

導師的這番話，讓我突然對「人脈」這個詞產生了一種算計的印象。

或者說，這種異樣感早已存在於心中，導師只是替我說出無法明確表達的感受。

關係「大甩賣」

時間流逝，世界已經變得大不相同了。

尤其是人際關係，由於多了網路這個新媒介，迎來了劇變。

其中，社群媒體的興起，無疑是這場變革的關鍵推手之一。

然而，這種變化也帶來了一些隱憂。

第一，認識新朋友變得過於容易，使得「邂逅」本身的價值變得不值一提。

第二，正因為這種便利性，許多人開始混淆了「真正的連結」與「虛擬的連結」。

例如，有些人為了讓自己看起來更優秀，會過度逞強。

有些人過於依賴社群媒體上的「讚數」，將其視為自身存在價值的指標。

有些人則誤以為虛擬世界的連結就是真正的人際關係。

當然，這樣的生活方式或許也有其樂趣。

然而，人生總會遭遇意想不到的困境與挑戰。

當那一刻來臨時，真正會陪伴在自己身邊的人是誰？提前思考這個問題，其實是一個現實且重要的課題。儘管如此，許多人仍然會混淆「有連結的感覺」與「真正的連結」。

不要過度害怕受傷

許多人傾向於追求連結感，而非真正的連結。我曾聽人說過，這種現象的背後原因之一，正是人們內心潛藏著「害怕受傷」的心理。

舉例來說，在這個時代，當人們想向心儀對象告白時，許多人會選擇透過LINE等通訊工具來表達心意。

說到這裡，不禁讓我覺得自己似乎真的老了。我年輕時，即便是利用工具告白，最常見的方式也不過是透過電話而已。

而且，當時大多數家庭使用的還是固定的有線電話，對方的父母很可能會先接到電話。如果身邊有人，想要順利表達心意就更困難了。

因此，基本上我都會鼓起勇氣約對方出來，然後當面告白。

當然，這只是當時的做法，每個時代、每個人都有不同的方法，這點姑且不論。

真正讓我在意的，並不是方式或手段，而是背後的心理動機。

問題就在於——

人們是否過度害怕會得到「受傷」的結果，因此選擇可以隨時退縮的簡單方式？

如果是這樣，直白地說，這其實就是在逃避與對方真正面對面的交流。

「與人建立深厚的關係可能會帶來很多麻煩，保持表面的來往就好。」

「工作上被責備很讓人受傷，那就盡量不去挑戰新的事物，只做主管交代、風險最低的事情就好。」

如果你眼前的人是帶著這樣的心態在與你相處，你會怎麼想呢？

你或許會心想：「麻煩的事情還是能避則避比較好吧。」

這種想法當然可以理解。

沒有人會對遭到拒絕一事無動於衷；受到主管責備，任誰的心裡都會不好受。

然而，換個角度來看，受傷並非全然是壞事。

有時正是因為受過傷，我們才能真正成長，獲得寶貴的經驗與力量，行動力提升的同時，內心也會變得更堅強。透過從傷痛中恢復，即使未來再遇到相同的挫折，也能夠憑藉這份「免疫力」去克服。

這不僅適用於告白或工作，在人際關係這個範疇同樣如此。

當我們真正與人深入交流，往往能夠建立比以往更牢固的關係，這就是所謂的「真正的連結」。

先好好利用身邊資源

我接觸到全新的價值觀，而開始思考人際關係後，導師接著說：

「這只是我的看法，並不是絕對的真理。你就當作是一種新的思考方式聽聽看吧。」

「是，我明白了。」

我雖然這麼回答，內心卻早已開始認同他的觀點。

「就像剛才說的，我並不認為與人見面本身有特別的價值。當我想要與某個人見面時，讀一本書就足夠了。」

「您的意思是，讀書也是一種邂逅嗎？」

「當然。書是很好的存在，有時與書的邂逅甚至比與人見面更能為人生帶來巨大的喜悅。不管媒體如何進化，我始終認為書籍是世界上最卓越的工具。因為身為作者，一定會傾注全力去創作，一本書可以說是其精華的結晶。」

如今，我作為一名作家，對這番話深有體會。

包括這本書在內，每一本書的誕生，都需要投入龐大的精力與心血。幾乎可以肯定，大多數作者在寫書時，都是抱著傾囊相授的心態，將自己所擁有的一切知識與經驗傾注其中。

也正因如此，沒有足夠的熱情與決心，一本書是無法誕生的。

「作者理所當然地會寫出對讀者有幫助的內容吧？所以當我們讀書時，常常會覺得：『這個作者好厲害！』但作者畢竟也是人，人生總有起伏，不可能時刻都完全按照書中所寫的過生活，更別說完美實踐自己所提倡的一切觀點了。因此，實際見到作者本人後，往往會發現他們並不一定比書本更出色。與其抱有過高期待，不如一開始就明白這點會更好。」

回想起來，我確實遇見過許多這樣的例子。

大多數作者，無論書寫得多精彩，當真正見到本人時，都會發現他們只是普通人。

當然，也有少數例外。

就像是這位導師，有些人確實超越了他們的書籍，比書中所呈現的還要優秀。然而，這樣的人畢竟是少數。

透過這次對話，我還有另一個重要的發現——

無論是讀過一本書後去見作者，還是見過作者後再讀他的書，我們從對話中獲得的資訊，往往只是書籍「前言」般的份量而已。

當然了。如果作者把自己書中的內容全部講完，恐怕隨便都要花上十個小時吧。這又不是那本書的深度研習講座，對方也沒那麼多時間能夠耐心細緻地將所有內容都講給你聽。

正如導師所說，如果真正想學習一個人的精髓，比起去聽他講話，深入閱讀他的書才能獲得最深刻的領悟。

從這個角度回頭看，當時的我並不是單純為了學習而去見人，而是抱著「想見他一面來獲取點什麼，甚至如果可以的話，希望他能幫我一把」這種滿是私心的想法。

與書邂逅勝過與人邂逅

不只是這一天，導師總是時刻向我強調書籍的美好與重要性。

我後來會走上出版這條路，也與這番教誨有很大的關係。

事實上，導師從不輕易接受演講邀約，卻非常重視自己書籍的出版。

他常說：**「書比演講能傳達更多內容，對讀者來說也更加經濟實惠。」**

「書是一定要讀的。未來是高度資訊化時代，連書都不讀是沒辦法生存下去的。」

「那一年大概要讀幾本書才夠呢？」

「不用讀太多本。更重要的是，當你遇到一本好書時，要反覆精讀、徹底吸收，然後迅速付諸實踐。這才是比參加任何研討會都更有效，能夠最快收獲成果的方法。」

「明白了。我已經有一本喜歡的書，會多讀幾遍。」

「而且，書的成本效益真的很高。一本一五〇〇圓的書讀十次的話，每次成本只要一五〇圓。那讀一百次呢？」

「十五圓。」

「這麼想的話，是不是很划算？更何況，讀得愈多，成本會不斷降低，而你的實力仍會持續提升。

我當然可以把我所知的事情都教給你。但說到底，比起聽我講課，還是讀書並親自實踐，能讓你收獲更多。尤其是你現在還年輕、時間寶貴，這點就更重要了。」

如果當時沒聽到這番話，我不知道自己會浪費多少金錢與精力。如今已經無法計算這些話對我的影響，但如果你讀到這裡，能因此減少未來的無謂開銷，那就太好了。

「再說一次，選擇與什麼樣的人相處，其實等同於選擇與什麼樣的書相伴。人與人的邂逅很重要，但與書的邂逅同樣能深刻改變你的人生。」

當時的我還相當天真，從沒想過自己有一天也會成為一本書的作者。

鄰家的草分外青

「那麼……像研討會、演講這類活動，還是少去比較好嗎？」

「倒也不是，有些場合確實值得參加。但以你的現狀，還不是花錢這麼做的時候。」

「啊，原來如此。」

「對啊。人其實很難改變，甚至可以說是無法輕易改變的。正因如此，才會覺得『這個人好厲害，我也想變得像他一樣，我想多聽聽他的故事』。然而說到底，即使聽了那些成功經歷或奮鬥故事，當下或許會覺得受益良多，但是否真的能運用自如？這點非常值得懷疑。」

「我可能正是這種人。聽完演講後的兩三天，內心還充滿感動，覺得自己也有所改變。但過一陣子，就全都忘光了……」

「這很正常，畢竟每個人走的路都不一樣。那些人的故事是他們走過的人生，即使聽再多，也不一定真的對你有用。」

老實說，當時的我還完全無法理解這句話的真正含義。

「仔細想想吧，你並不處於和那個人相同的環境。**在羨慕別人的經歷之前，先看看自己的道路。只要踏實地走自己的路，總有一天也會到達屬於自己的巔峰。**」

如《根性青蛙》堅韌不拔

「道理我懂。但一般來說，見到厲害的人，內心還是會感到興奮，這又是為什麼呢？」

我一方面接受了他的說法，另一方面又忍不住提出自己的疑問。

「那是因為你低估了自己。有些人特別容易受名氣或頭銜影響，總愛炫耀說『我見過某家大公司的社長、董事長』。這類人到處都有，對吧？」

「是有這樣的人。」

「這類人常常感嘆地說：『像我這種小小工廠的老闆，居然能被那種大企業的高層接見。』如果這是謙虛，那還說得過去。但如果他真心認為自己只是『小小工廠的老闆』，就代表他從心底認為自己比那位社長低一等，對吧？」

「一般來說，大家不都是這麼想的嗎？」

「這才是最可惜的地方。為什麼不換個角度，說『我經營著一間很棒的小工廠』呢？小工廠同樣能讓顧客和員工幸福，為這個國家的繁榮做出貢獻，這不是堂堂正正地活著嗎？」

是啊，就像《根性青蛙（ど根性ガエル）》裡的青蛙一樣，活得堅韌不拔。

只不過不是待在T恤上，而是活在這個社會裡（編註：根性青蛙中，主角在公園絆倒而壓到一隻青蛙，青蛙黏進衣服而變成平面蛙，與人有相同的情感和思考模式，常和主角共同行動）。

「只要有這樣的想法，就能理直氣壯地與任何人對話，不會受名氣或頭銜壓倒。重要的是對自己的工作感到驕傲，想著『對方很厲害，但我也很了不起；大家都是人，沒什麼差別』。只有真正踏實走自己路的人，才能擁有這種氣概。」

「原來如此，我會這麼去想的。」

「年輕人嘛，應該更有衝勁，不要卑躬屈膝，而是昂首挺胸地走上去，與對方平等對話！」

「是！」

「雖然我剛才說得挺帥氣的，但老實說，我只是單純不想讓你變成自卑過頭的人。這話也帶了不少我個人的情感，算是一點私心吧……就當是長輩的關心，聽聽就好。」

他用一種輕描淡寫的方式補充了這句話，彷彿是怕我太過負擔。而正是這種溫暖的關懷，讓我愈來愈受他吸引。

洗腦魔術的真相

「但實際上，很多人都會這樣過度貶低自己。」

導師稍作休息，喝了口茶後，感慨地說道：

「或許這也是無可奈何的，但我還是希望大家能夠更有自信地活著。每次看到這麼多人因為這種魔術而畏縮不前，真的讓我感到很難過。」

「魔術？」

「沒錯。說得直接一點，可稱之『洗腦魔術』，只是大多數人都沒察覺到罷了。」

導師深吸一口氣，繼續說道：

「你第一次見到我時，感覺如何？」

「老實說，我有些卻步。畢竟您是日本的納稅之王，也是全國頂尖的商業書籍暢銷作家，名聲響亮的人物。」

「是嗎？你是這麼想的啊。當人們一開始就聽到這些頭銜時，往往會不自覺地把自己放在較低的位置。」

「這樣是不好的嗎？」

「不，也不能說是壞事。會有這樣的想法也確實情有可原，但如果你對人總是抱持這樣的看法，長遠下來吃虧的反而是你自己。」

我一時之間無法理解這番話的意思。

「這點很重要，你要一邊想像，一邊聽我說。」

「好的，請指教。」

「比如說，你過去的社交圈裡，最近有變得有名的人嗎？」

雖然不多，但我還是想到了幾個。不知為何，這陣子身邊一些活躍於全國的企業家朋友，愈來愈常在特輯節目中上電視了。

「人們對一個人的看法，會因為遇見他的順序而改變。認識的人上了電視，和在電視上看到的人變成認識的人，感覺是不同的。」

「看法會有什麼不同呢？」

「簡單來說，就是會產生先入為主的印象。」

「先入為主的印象？」

「沒錯。比如對方上過電視或寫過書，就會產生一種『這個人很厲害』的刻板印象，而人往往容易受這種印象左右。」

「原來如此，我懂了。」

「如果一個你在電視上看過的人，或是你讀過書的作者，突然出現在你面前，你會感到驚訝吧？」

「是的，確實會驚訝。」

「但若是認識的人後來變有名了，即使時隔許久再見，你也不會特別驚訝吧？」

「對，因為他本來就是我認識的人。」

「這就是關鍵所在。對你來說，即使對方變得有名，他仍然只是你的熟人，而不是那個『有名的○○先生或小姐』。」

這話說得很有道理，但這種觀點是我從未想過的盲點。

名人也是普通人

「再深入一點來說，這個世界充滿了各種商品，而藝人或名人，其實就是將『人』當作商品的商業模式。圍繞著這些人的團隊，會不斷強調這個商品的魅力，為其打造形象，也就是所謂的品牌經營。」

「原來如此。」

「不過，那些只是塑造出來的外在形象而已。其實，不管是藝人、名人，還是大企業的總裁，他們本質上都只是普通人。但如果他們做的事情太厲害，人們就會不自覺地覺得『那是另一個世界的人』，於是就產生一種先入為主的魔術效果。」

當從更宏觀的角度觀察這個世界時，不難發現，大多數人都會受到這種先入為主的觀念影響。

然而，沒想到有人會將這種現象比喻成「魔術」，這讓我感到相當新鮮。

「再厲害的人回到家，也只是普通的爸爸或女兒，也許會因為弄亂家裡而遭妻子責備，或是快遲到而被父母責罵。畢竟家人並不會受外界那種『魔術』般的光環影響。」

「但那些人感覺過著很厲害的生活啊。」

「那麼，你身邊的那些名人呢？」

「這麼一想，其實他們也挺普通的。」

「就是這樣啊。所以我要說的是——**無論外界如何稱讚某個人有多厲害，他們其實跟你一樣都是普通人。只要記住這點，就不會過度畏懼，也不會妄自菲薄**。這個世界上，很多事情其實是由精心打造的『魔術』所主導，而非真正的本質。」

現在，我已經能夠深刻理解這句話的含義。

很幸運地，如今我有愈來愈多機會與這些所謂的「大人物」共事。每當與他們深入交談時，最讓我驚訝的反而是他們的普通。

他們確實在某個領域有著過人的才能，但世界上根本沒有十全十美的人。

「成為某個人的粉絲，沉浸在對方塑造出的幻想世界裡，確實會很享受。但是，在做生意時，千萬不要被這種『魔術』牽著走，否則你只會讓自己處於不利的境地。」

就像魔術表演，一旦知道其中的祕訣，往往會驚訝於「原來只是這麼簡單的手法」；下次再看時，視角也會隨之改變。

當時的我，彷彿察覺到了這個世界所運行的「魔術」背後的祕密。

不要過度執著於「規模」與「地位」

當我回放當時與導師的對話錄音時，發現過去的自己對於「評價一個人」的價值觀正在悄悄改變。

「解釋得有點長了，其實影響我們最關鍵的因素就兩點——『規模』與『地位』。」

「規模與地位？」

「沒錯。這個世界上的大多數人，大抵都被這種先入為主的觀念所束縛，認為規模愈大、社會地位愈高的人，就一定很了不起。」

「確實如此，為什麼大家都沒有察覺到呢？」

錄音裡的我，一邊對此深有同感，一邊卻沒意識到，自己直到剛剛還深陷於這種

「魔術」之中。聽著過去的自己變成如此客觀地回應，我都感到有些害羞了。

然而，導師並沒有特意指出這點，而是淡然地繼續說道：

「『大就是好』的時代早就結束了。如果仍然受這種魔術迷惑，人就會不自覺地想辦法提升自己的價值。比如，勉強租下一棟豪華辦公大樓，或者即使揹負債務也要開更多店面。結果呢？只是把自己逼上絕路罷了。」

這樣的人並不少見，我自己也有這種傾向。

我很容易受到影響，且無論好壞，總是不自覺地想要與人競爭。

「所以我才警告你——『別見太多形形色色的人』。尤其是像你這種還沒看清世事的年輕人，總覺得別人的世界更美好，忍不住拿自己跟別人比較，試圖追趕上去。結果往往為了博得關注，開始制定一些根本不切實際的計畫。」

導師的話精準而具體，彷彿看穿了我。

「如果這是冒險故事，或許會是個有趣的發展。但我們活在現實世界，不管你多努力、多拚命，每個人的評價標準都不同。如果太過迎合別人的標準，你只會在人生的道路上左右搖擺，變得毫無定向。而當你的內心開始動搖時，你身邊的人會受到三倍的影響，被你牽著走、無所適從。」

有名無實，無名有實

一路走來，我遇見了各種各樣的人，也從他們身上學到許多事。

經營公司時，我經常將這些從別人身上學到的理念，直接宣告為公司的目標，然後強行推動員工執行。然而每當這樣做，團隊總是陷入一團混亂。

最糟糕的是，我當時竟然覺得：「我是這艘船的船長，船員聽我的話是理所當然的吧？」

因此聽到這句話後，我感到羞愧難當。這時，導師繼續說道：

「別過度執著於浮誇的規模和表象，真正重要的是『實力』。這個世界上，有些人名氣響亮，但仔細一看，內容空洞；也有些人默默無聞，卻擁有驚人的實力。這就是所謂的——『有名無實，無名有實』。」

又一個新詞出現了，我一定要記住。

「年輕的時候，我們往往會受規模宏大或華麗的事物所吸引，覺得這樣的東西就是『了不起』。但你要明白，**不能只看外表，要鍛鍊自己洞察人內在的能力。這樣，你就不會僅僅受他人的形象所左右。同時，你也不必過度在周圍人面前賣弄自己。**只要記住這一點，你就能避免掉進虛華世界的陷阱裡。這道理對你而言有點難懂嗎？」

「是的，有點。」

「沒關係，你慢慢就會明白的。」

我在心中牢記這些教誨後，開始注意到，這個世界上充斥著以「了不起」所建立的先入為主觀念爭奪戰，大多數人都是依據這場競爭的勝負來行動。

我變得能夠以如此不同的角度來俯瞰這個世界，都得益於導師的教誨。

「再說一次，人最大的敗因是『虛榮心』。只要不受此誘惑，就不會經營出失敗的人際關係。」

機會降臨的前提

「對了，你會想要支持哪種人呢？」

「如果非要用一句話來形容的話，就是——努力奮鬥的人吧。」

「嗯，是啊。比如說，高中棒球為什麼那麼打動人心呢？正是因為選手專注於完全發揮自己的力量，而觀眾也專注於全力支持自己喜歡的隊伍。人會受那種純粹的樣子所感動。」

確實如此，投手丘上的球員會讓我深受感動，當看到在看台上聲嘶力竭為隊伍加油的人也會讓我不禁流下眼淚。

「人是很奇妙的生物。雖然我們常常會想偷懶，但看到努力的人，就會不自覺地感動並想要支持對方。你知道我想傳達的重點是什麼嗎？」

「意思是要努力發揮自己的力量嗎？」

「沒錯，你領悟得很快。」

我喜歡導師的一點是，當我錯誤時，他會明確告訴我錯了；當他要表達讚賞時，就會毫不保留地誇獎我。

這比那些只是企圖激勵對方而拚命誇獎的話，更能感受到愛與動力。

「這放在人際關係中也是一樣的，特別是所謂的成功者，他們不會因為只是碰面交換名片就幫你忙。他們會仔細觀察你是怎樣活著的、目前在做什麼努力。」

「意思是小手段不管用吧。我明白了。」

「沒錯，這些人通常很忙，而且有很多人別有居心地靠近他們。所以他們只會對真心的人做出反應，這點非常苛刻。最重要的還是要發揮自己的力量，否則就算見很多人，也只是在浪費時間和金錢而已。這世界並不會那麼輕易地就有人幫你。」

原來如此。真想對至今為止的自己說這些。

「但反過來說，這世界也不會那麼殘酷，遺漏那些全力以赴做自己能做之事的人。」

「怎麼說呢？」

「真正的成功者擁有能夠洞察未來成功者的眼光。他們從自身經驗中磨練出觀察力，能夠辨識出和過去自己相似的人。」

真正的成功者能夠辨識出未來的成功者——

我第一次聽到有人這麼說，這也成為我喜愛的名言之一。自那天以後，當遇到年輕人時，我便常以此提點他們。

旁人願意幫忙的前提

導師再次重申：**「為了達到成功的願景，而將眼前的事做到極致。像這樣努力的人，眼睛會炯炯有神、身上也會散發出相應的光環，成功者是不會錯過這些的。」**

光環啊……聽起來真酷，相當迷人。

仔細想想，確實是這樣。

直到那時我才意識到，過去那些真正值得的邂逅，都是在我全力以赴做自己該做的事情時才會到來。

「有一個佛教詞語叫作『他力』。有時指的是天的力量，但如果放到現實社會來說，就是指他人的力量。

不可思議地，人們往往會想幫助那些說『我不需要別人幫助』、全力發揮自己力量的人。換句話說，當一個人有『即使只有自己也要做』的決心時，其他人就會自然而然地聚集過來幫助他。」

即使當時的我還很不成熟，也明白了這個道理。

將這個理論套用到各種人身上，並客觀地思考後，我發現自己也會被那些從一開始就不依賴他人，而是默默地做好該做之事的人所吸引。

「原來如此，所以首先要發揮自己的力量才是最重要的啊。」

「沒錯。換言之，如果你心中抱有想要輕鬆一點、想要走最短捷徑的心態，那無論多久，周圍的人都不會被你所感動，尤其成功者更是如此；反之，不依賴別人、踏實做該做之事的人，往往會被他人深深記住。」

「這麼一想，讓我感到有勇氣了。」

「所以我再說一次，**首先要發揮自己的力量。建立在自力之上的，才是他力**。無論如何，先全力以赴做好自己能做的事情，這才是所有一切的開始。如此不僅能吸引他人，也會引來好的邂逅機遇。懂了嗎？」

從我因導師的話而愣住開始，大概已經過了一個小時。

我的價值觀在這短短的時間內發生了巨大改變。

「就算還不成熟也沒關係。先停止對別人抱有期待，做好自己該做的事。如此一來，總會有人看到你的樣子，也總有一天會得到回報。」

如今，我能夠從事寫書這項工作，無疑是基於當時下定決心、類似誓言的心態。

第 2 章

真正該重視之人

我在之處，
櫻花綻放。

先游一公尺

「真正的進化是從內而外的。」

「從內而外……」

為了我這個從九州遠道而來的人，導師在繁忙的日程中抽出時間，並在午餐後開始下午的講座。

一開頭，導師便這麼說道：

「首先要關心離自己半徑三公尺內的人，再逐漸擴大範圍。就像是將石頭丟進水裡，波紋會慢慢擴散開來一樣。」

「這個解釋很容易理解。」

「畢竟連眼前的人都無法好好珍惜，又怎麼可能珍惜外面的人呢？這就像是剛開始學游泳的人說『我連一公尺都游不到，但可以游一百公尺』一樣。照理來說，應該先學會游一公尺，才逐步游到二公尺、三公尺……」

聽著這番話，我腦中浮現出一群年輕人的模樣，沒有衡量自己的能力，就一頭栽進去游向遠方。

「同理，我們要先努力理解如何讓眼前的人感到高興、如何讓他們笑容滿面。這樣一點一滴的累積，最終反而會成為成功的捷徑。」

原來如此，我能理解這個道理，至少理智上是理解的。

不過，心裡卻有不同的想法。

上午導師講到自力為止的內容，我大致上都吸收了。

但這個「從內而外」的說法，對當時的我來說實在太過哲學，一時難以感同身受。

「如果照這樣做，什麼時候才能成功呢？」我的心底深處有一個自我這樣叫喊著。

導師似乎看穿了這點，問道：

「你覺得這樣好像是在繞遠路，對吧？」

「不……好吧，我有點這麼認為。我明白了要發揮出自己的力量，但要從眼前的這些人開始，好像有點過於平凡了，這該怎麼說呢……」

「我明白你的感受，但我必須告訴你，**真正的捷徑往往是以繞遠路的方式出現的；相對地，大的機會常常以危機的面貌出現。**」

聞言，我不禁陷入沉思。

人總是在向外尋找機會

當我默默地在內心自問自答時，導師問我：

「那麼，我再問一次上午問過你的問題吧。你真正意義上的人脈……或者應該說真正的『連結』是誰呢？」

「連結嗎？請給我時間思考一下。」

導師已經問得很明白了，但從小周圍人灌輸給我的「人脈神話」，讓我一時之間還是難以立刻回答出來。

「你不明白我在說什麼嗎？」

「不，我明白，意思是對我來說重要的人，對嗎？對不起，我可能需要一些時間才能給出答案。」

「沒關係，這很正常。人往往難以察覺自己真正重要的存在。我換個問法吧，你平時都和誰在一起呢？」

這時浮現在腦海中的，都是對我而言再平凡不過、毫不起眼的人。

「平時就是家人、工作夥伴，還有來店裡的客人、合作公司的業務人員……」

「看吧，你身邊已經有這麼多人了。就是這些人，他們才是你真正應該珍惜、並且會為你帶來機會的人啊。」

——老實說，我有些失望。

因為我一直深信，機會是掌握在遙遠的人手中。

我從來沒有想過，那些近在身邊的人，竟然才是為我打開機會之門的關鍵。

「人總是這樣，很難察覺真正重要之人的存在。但我可以肯定，機會之門的鑰匙毫無疑問就掌握在這些人手中。」

「……真的是這樣嗎？」

機會之門的鑰匙？我根本無法理解這句話的意思。

愈是聽下去，我愈覺得自己離機會更遠了，不禁升起自暴自棄的念頭。

「那些總是在外尋找機會、四處奔波的人，其實正是沒有意識到自己真正重要的人是誰。他們看不見這些人的存在，才會不斷向外尋求所謂的機遇。」

確實，那時的我完全沒有意識到這一點。

正因如此，我才會不斷驅策自己往外走，總覺得機會就在遠方。

「但是啊，你這樣到處奔波，交通費、交際費不斷增加，無形之中花掉的錢愈來愈多。就算因此結識新的人，也不可能立刻得到超過自己付出的回報。這世上沒有這麼好康的事情。」

或許，現在正在讀這本書的你和當時的我一樣，無法馬上理解這番話的意義。

但我希望各位能在此刻稍微停下來思考一下——

究竟誰才是掌握你人生機會之門鑰匙的人？

「這件事非常重要，我必須再說一次。最大的問題並不是沒有好的邂逅，而是你根

本沒有看清楚，誰才是對你而言真正重要的人。如果這點看不清，那麼不管是心理還是經濟上，你都將承受超乎想像的損失。」

不只是真正重要的人，真正重要的事也是如此。我們往往無法當下理解，過了一段時間後才會明白。

如今，當我回顧這段對話，內心充滿了對導師的感激：「當時他能對我說出這些話，真是太好了。」

要說至今為止有什麼唯一值得我誇耀的，就是後來的我選擇相信這番話，並且一直堅持付諸行動。

近悅遠來

「你聽過『近悅遠來』這句成語嗎？」

近悅遠來？這是哪裡的成語？

老實說，我第一次聽到。

「不，這是我第一次聽到。抱歉，我太孤陋寡聞了。這是很有名的話嗎？」

「不是，沒什麼人知道這句成語。不過，這句話重要到應該被寫進教科書裡才對。」

「這句成語的意思是什麼呢？」

「簡單來說，就是『當身邊的人感到快樂時，自然而然會吸引更多的人過來』。」

「這句話很有深意呢。」

「是啊，這是一個非常重要的概念。而且讓人驚訝的是，這句話的起源可以追溯到大約二五〇〇年前。」

「真是久遠啊……是來自中國嗎？」

「沒錯，據說是孔子的弟子──子路所說的話。」

人是一種奇妙的生物。

我們的生活不斷進步、科技日新月異，幾千年前的人所說的話，卻依然能帶給我們許多啟發。

或許這就證明了，無論生活如何變遷，人性的本質都始終如一。

「關於近悅遠來，我有一段非常喜歡的故事，你要聽聽嗎？」

「當然，我很樂意聽！」

吸引無數人的昭和巨星

「你知道石原裕次郎嗎？」

「當然知道，他是昭和時代的超級巨星！」

「沒錯，他身為石原軍團的領袖，不僅是一位極具魅力的演員，還是真正做到近悅遠來的高手。」

「您是說，他很珍惜身邊的人嗎？」

「沒錯。一般來說，藝人通常會受到極大的追捧吧？」

「是啊。」

「正因如此，大多數人都會誤以為自己是被選中的特別存在，常常和其他藝人一起去銀座、在那裡擺架子，甚至只與同樣身為藝人的人交往。」

「現在的企業老闆或某些名流之間，也很常有這種情況呢。」

「對吧？但裕次郎先生不一樣。他幾乎不怎麼和同行的人混在一起。難道他根本不去銀座嗎？其實他經常去，但與他同行的人和一般藝人完全不同。」

「他都和誰一起去呢？」

「他去銀座的時候，通常會包下整間店，帶上幾十個人一起去。」

「結果還是很氣派呢。」

「嗯，畢竟他應該有的是錢吧。但與他同行的，幾乎全是為他的戲劇和電影工作的燈光師、導演等人。」

「也就是工作人員嗎？」

「沒錯。有一次，銀座的男服務員對此感到好奇，便問了裕次郎先生原因，他的回答是這樣的——」

聽到這種故事時，總會讓人莫名地興奮起來，這是為什麼呢？

接下來的故事讓我充滿期待。

「我之所以能站在電視和電影的舞台上，都是因為這些工作人員的努力。他們開心、願意繼續努力，我也才能做出好作品。對我來說，這些人就是我的寶藏啊。」

正如我所預料的，這番話讓我熱血沸騰。

雖然從未見過裕次郎先生，以後也無法再見，但就在那一瞬間，我成了他的粉絲。我想我是完全無法做到這點的。

導師感慨地繼續說道：

「是不是很讓人敬佩？正因如此，裕次郎先生出演的節目，總是能吸引一群願意全力以赴的工作人員。大家都想為他拚盡全力。這種故事真的能讓人學到人生的道理啊。」

許多人不會主動談論這些，但我特別喜歡這類「真正帥氣之人」的故事，這總能成為我的動力。

而現在，我能夠誇耀的事情，就是有幸能從導師等人身上，親身見證並累積許多這樣的故事。

當然，不是每個人都值得我如此認同，為此我確實花了不少錢，但我並不後悔。

因為正是這些經歷，讓我擁有了今天這個機會，能夠透過這本書，將這些故事分享給你。

帶來財富之人

「話題可能有點偏了，但你想變成有錢人嗎？」

「當然想。雖然我不是『只為了錢』而做這一切，但錢確實是我想要的東西之一。」

我誠實地回答。

我並不是為了錢而做這些事——

其實，我本來也很想說些帥氣的話，但面對導師這個能看透一切的人，再怎麼掩飾也沒用。

「嗯，不錯的回答。你是商人，也是生意人，應該很清楚錢是絕對必要的，對吧？」

「是的，深有體會。」

「懂得平衡思考金錢的重要性是必要的。那麼，再問你一個問題。這其實才是最關鍵的：究竟是誰會為你帶來財富？」

來了，這可是我的強項。我自信滿滿地回答：

「是顧客！」

「可惜，答案接近，但還是差了一點。」

又答錯了。不過沒關係，我可以再試。

「還有比顧客更能為你帶來財富的人吧？」

「呃……啊！是員工嗎？」

「正確。那些聚集在你身邊的夥伴努力工作、創造業績，錢才會流向你。」

「確實如此，但這只是對經營者來說吧？」

「不，只要是職場上的人都一樣。沒有人能單打獨鬥地完成所有工作，只有身邊的夥伴願意助你一臂之力，事情才能運轉起來。所以，在工作中，最重要的其實是你的工作夥伴。」

確實如此。

我現在能向導師學習，就是因為有一群夥伴在現場努力奮戰，讓我能安心地外出。

即使歷經十七年、出版業已經變遷，這個道理仍然沒有改變。

正是因為公司的員工持續努力，我才得以安心寫下這本書。

吸引人聚集而來的關鍵

「回顧過去，你曾經渴望前往哪些地方呢？」

這是什麼問題？我稍微思考了一下。

「比如，一家店、一場聚會，或者你喜歡的某個地方。你能找出這些地點的共通點嗎？」

我到底會受怎樣的地方吸引呢？

腦海裡首先浮現的，是那些大排長龍的店，還有能提供優質商品的場所……

「概括來說，應該是感覺會讓人快樂的地方吧？」

「沒錯，關鍵就在這裡，人天生就喜歡能感到快樂的地方。只要待在那裡，就能感受到興奮與期待。即便從未去過，光是聽聞或想像，就會願意花費時間前往。這樣的地方，自然會聚集人潮。」

我特別喜歡祭典，年輕時每逢秋天就會和朋友一起開車，從九州一路趕往大阪岸和田，只為觀賞當地的地車祭（岸和田だんじり祭）。

除此之外，還有其他例子。

YouTube尚未流行時，我經營著餐飲店。只要聽說哪家店評價很好，就會特地抽時間以「考察」之名前往，實則是去體驗那家店的氛圍。

「這些地方都有個共通點——身處其中的人都玩得特別開心，對吧？」

「是的，確實如此。大家看起來都很樂在其中。」

「就是這樣啊。所以，你的店也應該這樣發展。讓在那裡工作的員工感到開心，讓來光顧的客人因美味的料理與歡樂的氛圍而露出笑容。只要打造出這樣的店，就會產生『近悅遠來』的效果，人們自然會聚集過來。」

聽完這番話，我首先思考應該讓誰最先感受到這份快樂，答案很明顯——是員工。

無論多麼出色的企劃，如果執行的員工無法享受其中，這份快樂就無法持久。

一間充滿員工與客人笑容的店——這樣的藍圖慢慢地滲透進我的內心。

「這件事很理所當然，卻反而很少有人會認真思考，『快樂』才是一切最重要的要素。而且，快樂通常是由內而外傳播開來的。」

由內而外——

自從理解這個法則後，我不再只考慮「如何讓客人感到快樂」，而是將重點轉變為

「如何讓自己與員工都能樂在其中」，並開始與員工一起逐步調整店內的經營風格。

我在之處，櫻花綻放

我與導師相識的二〇〇五年，當時餐飲業的景氣比現在好，熟識的幾位年輕經營者紛紛擴展店舖。

我也不想落於人後，開始規劃展店計畫。

然而，這項計畫因導師的一番話而被推翻了——當然，是往好的方向發展。

正是因為聽到這段話，我才做出了改變。

「你接下來想要怎麼經營呢？」

「嗯……既然都開了餐廳，應該要不斷擴展店鋪才對吧？」

「這樣啊……意外地說了個挺普通的答案呢。如果是我的話，我會考慮一條不同的路。」

又來了——這種超越常規的觀點。

但這次我沒有感到失望，反而充滿期待，因為我知道導師即將為我指引另一條路。

「你知道嗎？京都的某處山頂上有一棵非常美麗的櫻花樹，每到春天就會盛開得極其壯觀，名聲也開始傳開——換作現在的說法，就是口耳相傳。」

我腦中立刻想像出那幅畫面。

「漸漸地，愈來愈多人專程前來欣賞那棵櫻花樹。由於人潮絡繹不絕，最終那條山路經過整修，甚至開始有人擺攤，形成一條熱鬧的街道。可是一開始，那裡不過就只有一棵普通的櫻花樹。正是因為這棵櫻花樹的存在，才孕育出一條繁華的街區。我就喜歡這樣的發展方式。」

「真是個美好的故事呢。」

「是啊。你的店在大分縣的邊陲地帶吧？」

大分縣中津市——

這座城市位於大分縣與福岡縣的交界處，人口約八萬人，以福澤諭吉先生的故居和中津炸雞聞名。

我在這裡出生長大，從章魚燒小販起家，最後創辦了「陽なた家」這間餐廳。

但「陽なた家」的所在地，距離中津車站還得開車十五分鐘，座落於一片稻田之中，稱不上交通便利。

如今回過頭來看，正是當時在如此不利的環境中經營餐廳的經歷，讓我今天能夠寫這本書，並為許多公司提供經營協助。

然而，當時的我完全無法想像現在的情況，並且深信「要做得更大，唯有進駐都市才是唯一選擇」。

話雖如此，我並沒有打從心底為籌備這項計畫而雀躍。

我只是覺得，似乎只有這條路可以走。

正因如此，聽到導師說的櫻花樹故事後，我的心完全被吸引住了。

「在大分縣中津市這個地方，有一家能讓人感到幸福的餐廳，來自全國的人都願意支付交通費前來。能夠引起這樣的口碑，也是一種生存之道。」

當時聽到這段話，我覺得像遙不可及的夢。

沒想到在那之後不到兩年，這個夢竟然成為現實了。那間位於田間的店，一年便接待了四萬名客人，其中有一萬人來自大分縣外的縣市。

不僅如此，前來應徵的員工也愈來愈多，於是我開設了第二家店。

第二家店就位在我出生和成長的商店街，同樣是居酒屋。

因為與車站反方向，地點是一處人煙稀少的角落，我將其命名為「夢天までとどけ（直達夢天）」。

那時的我們心中已經有了櫻花樹的教誨：

「只要提升魅力，不管多遠的地方，人們都會前來。」

因此對我們來說，商店街這個偏遠的地點根本不成問題。

店舖開張後，每當從店裡走到車站，經過長長的走道時，都彷彿走在通往櫻花樹的參道上。

隨著第二家店的生意愈來愈好，周圍的酒吧和居酒屋也多了起來。

那時我覺得，自己似乎又離櫻花樹更近一步了。

「人啊，總是想去快樂的地方、想聚集在有魅力的人那裡。所以不用花錢或強迫自己不斷展店，而是要讓別人主動來到你這裡。你應該去深入挖掘自己的魅力。

當你做到這點時，事業自然會興旺起來。只要擁有魅力，無論是在福岡、大阪、東京……任何地方都會成功。即使店開在人口較少之處，你也能吸引許多人前來。當然，以數量來說，之後開在人口愈多的地方，經營起來就愈輕鬆。反正到頭來，沒人能超越有魅力的人和店。」

在那之後，我們在福岡市中心也開設了店面，店鋪愈開愈多。

其中的核心店面「大名 陽なた家」以全年滿開為概念，在店中央放置了一棵巨大的櫻花樹。隨著「全年都能賞櫻的店」這個口碑傳開，全國各地的人們紛紛前來。

「我在之處，櫻花綻放（我在るところに桜咲く）。」

這句話成為我們的座右銘。以此為基礎，我的公司誕生了「櫻花經營宣言」概念。

深耕身處之地

真正的進化是從內而外的——

這個教誨成為契機，讓我開始深刻思考「與誰同行」這個問題。

當我以此改變自己的生活方式和經營理念後，我發現與過去四處奔波時相比，我遇到的每個人都更加美好，機會也變得更多。

在員工的努力下，陽なた家也能成為婚禮場地了。

某場婚宴的賓客中，有一位出版社總編輯。我受到他的推薦，開啟了出版的道路。

在身為暢銷作家的導師指導下，我順利出版書籍，並因此受邀到各地演講。

從這些演講結識的人們開始來店裡造訪，我也進而發展出經營支援與出版顧問的業務，一路走到現在。

如果沒有那句櫻花樹的教誨，我會怎樣呢？

或許我會像無頭蒼蠅般四處尋找機會、耗費金錢，最終一無所獲，只剩下迷惘與失落。

我當時若持續在外尋找機會、不常顧店，員工是否會紛紛離開呢？

光是這樣想就讓人不寒而慄，因此我由衷感謝自己幸運地得到櫻花樹的教誨。導師教會我許多事情，但這句櫻花樹的教誨，是影響我最深遠的人生指引。

即使如今我已從餐飲業經營者轉向作家，這句教誨依然深植於我的心中。「讓員工、出版社與書店的夥伴都樂在其中，最終才能讓讀者享受閱讀的樂趣。」我深信這一點。

因此，我不會刻意擴展合作的出版社，而是始終堅持與那些從無到有一路同行的夥伴，共同創作一本本書籍。

就這樣，一棵新的櫻花樹開始綻放。

我的專屬出版團隊逐漸成形，並誕生了《共感對話》（三采出版）。這本書突破了百萬銷量，並在二〇二〇年、二〇二一年榮獲日本年度銷售冠軍。

如今，我將這段經驗整理成系統化的知識，策劃出版學校的專案。同時，也開始推動活絡出版業界的計畫，在這個領域不斷拓展。能促成這一切成就的關鍵，就在於我選擇了與這些始終並肩同行的出版夥伴，一直深耕身處之地的緣故。

不刻意擴張，而是選擇深化身邊的感動——

我始終希望，能與此刻陪伴在我身邊的重要夥伴，一起過著如櫻花樹般盛開的人生。

你的重要之人正面帶笑容嗎？

深耕身處之地，意即珍惜身邊之人。

你最親近的人是誰呢？

在職場，是同事、主管或部屬；

在私人生活，是家人、朋友；

在興趣領域，是各種社群夥伴。

如果連最親近的人都無法讓他們感到喜悅，又如何能讓與你關係更遠的人感動呢？

然而，人總是容易忽視眼前的事物，而對遙遠的世界抱有更多憧憬。

即便如此，我仍想說——

人生機遇之門的鑰匙，正掌握在眼前之人手中。

若他們沒有為你開門，你便無法順利走向下一個機會。

你是否珍惜當下所在之地？

你的顧客感到喜悅嗎？

你所珍視的人們，是否正感到幸福呢？

第3章

工作上的同行者

時間應該留給
自己和重要之人。

為何賓士不生產廉價車？

「我們剛剛談到『與誰同行』，我在想這個概念是否也適用於顧客呢？」

「這點非常重要，我們來聊聊吧。」

「請導師指教了。」

就在這時，我們剛好看到事務所前停著一輛賓士。

導師指著那輛賓士說道：

「所謂的品牌，就是像ＬＶ、或是停在那裡的賓士一樣的產品。」

「嗯，這個比喻很清楚。」

「當然，每個人心目中可能都有不同的品牌，但我們來想想——這些品牌為何能夠成為品牌？」

我聽了之後，心裡有點興奮起來。

「如果讓你用一句話來形容品牌，你會怎麼說？」

「嗯……比如說，昂貴、值得信賴？」

「這些當然是特點之一，但還有一個更重要的關鍵。」

「是什麼呢？」

「那就是——『一致性』。不僅要長期保持相同的形象與價格，甚至連目標客群也始終如一，這才是品牌成立的關鍵。」

「這也與目標客群有關嗎？」

「與其說有關，應該說『誰是顧客』正是品牌最重要的關鍵。舉例來說，如果某天ＬＶ的包包大促銷，竟然只賣三千圓，你會怎麼想？」

「我會很失望。」

「如果賓士開始賣小型卡車呢？」

「呃，並不是說小型卡車不好，但總覺得這不是賓士該做的事。」

「對吧？正因為品牌清楚地知道『自己的顧客是誰』，以及『自己的顧客想要什麼』，才不會輕易做這些事。喜歡促銷折扣的人，可以去適合的店家購物；小型卡車就交給專業的廠商來生產和販售。」

「原來如此，我明白了。」

品牌選擇同行者的方式

「你覺得『設定目標客群』這件事，會在哪個商業層面最明顯地展現出來？」

「呃……應該是價格吧？」

「不愧是經營者，答對了。品牌的生存方式，會最直接地體現在定價策略上。」

答對這道問題，令我不禁高興起來。

「**商業中，設定價格就是在明確地選擇哪些人會樂於購買你的產品**。因此，真正懂得這一點的品牌，通常不會隨意擴大價格區間。如果想迎合所有人，最後只會讓品牌定位模糊、變得無所適從。正因為品牌能夠鎖定特定客群，並長期重視他們，才能成為真正的品牌。」

「原來如此，這個道理對我們這種小型企業也適用吧？」

「沒錯，這正是重點。只要能牢牢掌握目標客群，任何生意都可能經營出品牌。」

聞言，我開始思考起要與哪種顧客共存？

「商業運作上，不是靠價格競爭，就是靠價值取勝。你前面提到『品牌就是昂貴的東西』這點，其實並不完全正確。即使是低價產品，也能成為品牌。」

「咦？真的嗎？」

「舉個例子，百圓商店大創，你覺得怎麼樣？」

「大創嗎？雖然不像傳統品牌，但確實有一致的形象。」

「不，嚴格來說大創就是一個品牌。如果你問日本人：『提到百圓商店，你會想到哪家？』大部分人都會回答『大創』吧？」

「確實如此。」

「但是，要打造這種品牌經營模式的難度極高。大創的採購規模、門市數量、營運模式都異於常規，要建立這樣的體系需要極大的能量。相較之下，創立高價品牌或許還更簡單一些。」

的確如此。

「總之，沒有任何一門生意是輕鬆的，也沒有哪種方式能讓你輕易賺大錢。商業經營就像一步一步攀登階梯，其中最關鍵的就是選擇目標客群，這幾乎能決定往後整個事業的成敗。這麼想的話，經營顧客關係與建立人際關係的法則其實如出一轍。」

「也就是說，要明確界定自己的目標客群，並精準鎖定他們，然後用心維繫關係，對吧？」

「沒錯。這麼做，顧客就會成為你的忠實粉絲。而當你擁有有力的粉絲時，他們會自發地成為你的推廣者，幫你吸引更多顧客。」

成功者更懂得珍惜人際關係

工作能力愈強的人，反而看起來什麼都不做。

業績最好的業務員，反而不主動推銷。

這些話乍聽之下像是悖論，但其實是真理。

不過，這裡有一個不能誤解的地方——

並不是說真的「什麼事都不做」或「完全不推銷」，而是「不會只有自己埋頭苦幹」或「自己一直推銷」。

畢竟，如果真的什麼都不做，顧客是不可能自己找上門的。

深入理解這句話的真正含義，就是當一個人能讓別人自發地幫他推廣、讓周圍的人願意為他行動時，就不需要自己去奔波了。
從某種意義上來說，能做到這點才是真正的輕鬆賺錢之道。
當然，達到這種境界的人，並不是一開始就如此從容。
他們都曾經歷過無數困難與挑戰，才走上這條「達人之道」。
事實上，每個人的起點其實都相差無幾。

那麼，究竟是什麼決定了一個人能否成為「達人」，還是只能一直親力親為、疲於奔命呢？

接下來，我想和各位一起深入探討這個問題。
當然，一開始每個人都會全力以赴去銷售。
但之後所採取的行動，便會使結果開始產生分歧。

大多數人在顧客購買後，會立刻轉向尋找下一位新顧客。

然而，真正懂得經營的人，會專注於讓已經購買的顧客感受到更深的滿足與驚喜。

換言之，他們追求的是讓顧客產生更大的感動。

即使這樣做看似低效，卻相當有用。

這正是導師傳授給我的智慧。

感動身邊之人

「一般人更重視銷售前的過程，一旦成交就馬上去找下一位顧客，結果往往忽略了售後服務。這麼做的後果，就是讓人覺得你只是在賣東西，成交前熱情滿滿、成交後卻變得冷淡，很容易失去顧客的信任。

與此相對，業績長期穩定、深受顧客信賴的頂尖業務員，則是將售後服務視為重點。讓現有的顧客感動不已，進而自發地推薦給更多人、幫他建立起口碑。換句話說，就是讓顧客願意主動幫他進行宣傳。」

導師說得沒錯，那些業績長紅的人幾乎都有一個共通點——極度重視售後服務。他們的核心策略，就是不斷提升已購買顧客的感動總量，甚至不惜投入大量時間與心力。

這麼做的結果，就是確保每一位顧客都能轉變為忠實粉絲。累積的忠實粉絲愈多，顧客便會自然而然地不斷增加。

「人有一種特性，一旦深受感動，就會想將這份感動傳遞給別人。換言之，顧客會

自動成為你的銷售員。這就是為什麼優秀的業務員，新顧客大多都是透過介紹而來。」

我回想起身邊那些優秀的業務員，確實大多是經由介紹擴展業務的。

「還有一種業務員，看似什麼都沒做，卻能讓周圍的人自發感到高興。他們也有一個特徵，其身邊的人——如同事或部屬，往往是比顧客更強而有力的大粉絲。」

我恍然大悟，確實如此。優秀之人的背後往往有一批優秀的支援者。

「愈關心身邊的同事和夥伴，他們就愈會感動，並且樂意伸出援手。

這樣的人看起來好像什麼都沒做，但其實都在不為人知的地方，為身邊的夥伴和同事付出心力。事情進展得順利時，更應該致力讓身邊的人及老顧客感動，如此自然能獲得豐碩的成果。」

聽完這番話，我不禁有些感觸。

這不僅適用於商場，也適用於人際關係。

與其強行擴大人脈和尋找新顧客，不如專注於讓當下的顧客和身邊的人更加開心，口碑就會自然而然地擴散開來。

換句話說，優秀的人不會刻意去擴展與遠方之人的連結，而是將精力放在身邊的人身上、好好珍惜他們。

如此一來，他們的感動便會像放射線一樣擴散開來。

那些能成事之人，都是在無意識中這樣實踐的。

我聽著導師的話，愈來愈能理解並認同這個「從內而外」的法則。

成功的種子並不在遙遠的地方，而是始終存在於自己的腳下。

無論是工作還是人生，都不可能永遠一帆風順。

我認為，事業的成果正是個人生活方式的反映。

新客優惠券的矛盾

「不論是企業經營，還是人際關係，現在這個時代，若是勉強超出自身能力範圍，盲目擴張或追求規模，往往會從那一刻開始走向衰敗。現在已經是二十一世紀了，不再像二十世紀那種追求『大就是好』的時代。」

回顧這段話，才驚覺在二十一世紀剛開始時，導師就早早洞察到今日的趨勢。

我寫著這段話的同時，再次佩服起這位曾經納稅額全日本第一的企業家，眼光果然非同凡響。

「特別是現在，雖然並非所有產業都如此，但人們對『規模愈大愈好』的迷思已經逐漸崩解。比起重視數量，不如追求品質。換句話說，與其講究外表的奢華，人們更在乎內在的吸引力，這樣的時代已經來臨了。」

相較於執著外在的華麗包裝，專注在讓內部人感到滿足上，反而能帶來更好的結果。

從宏觀的角度思考，將資源投入內部，才是更高效的經營之道。

「原來如此，也就是說經營店鋪時，應該更珍惜老顧客，對吧？」

「沒錯。試想一下，至今為止一直支撐這間店的都是誰呢？」

「正是這些老顧客。」

「對吧？可是大家總是反其道而行。」

「您的意思是？」

「對新顧客給予大幅折扣，卻讓老顧客繼續支付原價，這不是很奇怪嗎？應該反過來才對。」

「這麼一說……確實是這樣。」

「這不僅適用於生意上，人生中也是一樣。人在追求事業擴張或更大的飛躍時，往往會忘記那些一直支持自己的人。」

對努力想擴展人脈與事業的我而言，這句話格外值得深思。

我不禁重新審視自己，心中湧起一股警惕與警醒。

貪多反而會招致失敗？

「無論是希望事業繁榮，還是擁有廣闊堅實的人際關係，都要從珍惜那些已經在乎你、支持你的人開始，絕不能本末倒置。必須不斷思考，該如何讓這些一直支持你的人感到開心，這才是最重要的。」

「明白了，我會謹記在心的。」

「如果不先珍惜眼前的人，一心想去吸引一堆陌生人，那麼你想傳遞的理念也好、正在做的事業也好，都會逐漸失去焦點與核心價值。」

「這一點……我好像能體會到。」

我現在的工作是寫書，就用這個來說明吧。

這個世界上有一批讀者粉絲會閱讀我的書。

我只是全心全意地為他們寫作，一開始並不會深入思考要怎麼寫、制定什麼銷售策略才能賣出幾萬本。

如果書籍暢銷，我當然會很高興，但那終究只是結果，而非最初的目的。

「我所珍視之人真正需要的是什麼？我該如何為他們提供幫助？」

我始終將所有精力集中在這個核心問題上。

自從開始寫作，我愈發深刻地體會到，當我試圖迎合大眾、寫給所有人時，反而會失去焦點，甚至自己都不知道究竟想表達什麼。

舉例來說，如果寫作對象是家庭主婦，與面向商業人士的內容就會大不相同。

無論是經營事業還是寫作，都遵循同樣的原則——像我這樣仍在學習成長的人，一旦試圖討好所有人，結果往往會以失敗收場。

因此，這本書的主題，我選擇專注於「人際關係」。不採一對多的模式，而是與讀者進行一對一的對話。

這本書真正幫助到各位時，自然會累積口碑，最終達到十萬本、甚至百萬本的銷量。

正如導師所說，二十世紀是「規模至上」的時代。

企業和個人的主流策略都是「不斷擴大」、「全球化發展」。

然而，時代已經改變，若還抱著過去的做法不放，最終只會失敗，這是理所當然的結果。

或許看起來不起眼，但在當今時代，與其追求規模，不如注重內在的充實。

「我的目標客群究竟是誰？他們真正需要的是什麼？」

聚焦於這些問題、提升內在價值，才是讓事業成功的關鍵。

「顧客至上」是不變的準則嗎？

當我思考自己的目標客群時，心中突然浮現出一個疑問，於是我向導師請教。

「在顧客當中，有一類人被稱為『奧客』。市面上有不少書都說：『會嚴格指正你的奧客才是最寶貴的存在。』這是真的嗎？」

「這個問題的關鍵，就在於將『嚴格指正的人』和『奧客』視為同一類人，本身就是錯誤的。」

「是這樣嗎？」

「沒錯。有些顧客是為了店家好，才會直言指出問題，這樣的人確實值得珍惜。但奧客的定義不同。他們會因為一點小事就不停抱怨，讓店家身心俱疲，甚至對員工咄咄逼人、無理取鬧。」

聽完導師的話，我恍然大悟。確實，這兩者之間存在著本質上的差異。

「若真心為店著想，絕對不會在營業時間抓住店員抱怨。他們會考慮合適的時機，選擇在適當且店家不忙的時候，悄悄向負責人反映。而奧客則完全不會顧及這些細節，因為他們本質上只是將自己的壓力轉嫁到店員的小失誤上，藉機發洩情緒罷了。」

「那對這種人……還要遵行『顧客至上』嗎？」

「不用，他們只是單純的麻煩人物罷了。」
「原來如此，聽您這麼說，我鬆了一口氣。」

對領導者來說充滿挑戰的時代

「話題有點偏了，不過你覺得，為什麼現在的日本缺乏領導者？」
「缺乏領導者嗎？我倒沒特別意識到這點……但為什麼呢？」
「因為現在的領導者，工作內容已不是指引方向、帶領團隊，而是處理抱怨為主。」
「這麼一說，好像有點道理。」
「如果抱怨的是顧客，最糟糕的情況下，還可以拒絕與對方來往就好；但如果抱怨的是共事的同事，就真的會讓人心力交瘁了。」

「這點我非常有感。如果遇到這種內部有人不滿的情況，該怎麼辦呢？」

「每個人對此都有不同的看法，但這時候最該問自己的是：『我想與誰同行？』以你的店來舉例，如果你面對奧客時，為了避免惹怒他們而採取『不要與之正面衝突』的態度，最終受到最大影響的，恐怕會是那些認真努力的員工，或者那些單純想開心用餐、熱愛這間店的顧客。」

這瞬間，我的腦海中閃過店裡員工和常客——無論何時都支持著我的人的臉龐。

「說到這個，我前幾天在電視上看到一件令人匪夷所思的事。那是一個探討校園暴力的節目，其中提到，老師如果打學生，就會被視為體罰並遭到解雇；但如果是學生打老師，卻不會受到任何處罰。」

「遇到這種情況，老師該怎麼辦呢？」

「節目上說，因為對方是未成年人，應該用寬容的心去看待，老師要有耐心、懂得保護自己。這不是荒謬至極嗎？」

聽到這番話，我不禁為那些身處這種情境的老師感到難過。

「現在對於領導者來說，真的是個艱難的時代。主管對部屬、老師對學生、父母對孩子——領導者要承受這種不合理對待的話，誰還願意去承擔呢？」

誰才是真正的弱者？

「不過，我還是會擔心後續的影響。比如，那些奧客會不會四處散播惡評？」

「不用擔心，只要好好珍惜那些真正重要的人就足夠了。一般而言，奧客的周圍也都是相同類型的人。就算他們說『那家店糟透了』，反過來想，這等於是幫我們篩選顧客，讓那些相似的人不會聚集過來，最後留下的反而是優質客人。」

「原來如此，這麼想確實很合理。不過，這類人通常也被稱為社會弱勢群體。他們會大聲抱怨，或許是因為希望得到理解吧？」

聞言，導師用比剛才更加嚴肅的語氣說道：

「**聽著，不管社會地位多麼弱勢，一個真正正直的人都不會跑到店裡無理取鬧。懷抱著『一定要把對方逼到絕境』這種心態的人，根本不能算是弱者。**

我剛才不是說了嗎？真正的弱者，是那些即使面對再多刁難也不抱怨、依然盡責完成自己工作的員工；還有即便目睹這些奧客的行為，仍然選擇支持這家店的顧客。

千萬不能把強者和弱者搞錯了。」

領導者真正該珍惜之人

這番話讓我想起一件事。

自從開始經營店舖後，我決定打造一支優秀的團隊，於是著手推動落實企業理念。從開始到建立初步的雛形，大概花了三年的時間。

這段期間，我每天最在意的就是員工的表情。

為了凝聚共識，我還會讓大家齊聲朗誦理念。

然而，這項挑戰引發了強烈的反彈。

當支持這個想法的員工準備開始時，反對的一群人卻拖拖拉拉、態度消極，甚至不願大聲朗誦，滿臉不耐煩。

「該怎麼做才能順利推動呢？」這樣一番思考後，我決定先讓有意願的人悄悄開始晨會。

回頭來看，這樣偷偷摸摸地進行本該是激勵大家士氣的晨會，完全偏離了初衷。但當時的我，實在想不出其他更好的方法。

然而，就在我們低調進行的時候，另一批人卻開始抱怨：「我們是不被需要的嗎？如果沒我們的份，那乾脆辭職算了。」

正當我煩惱時，一直信任我、跟隨我的創始成員對我說：

「茂哥（員工都這樣叫我），你是希望有幹勁的人還是沒幹勁的人配合步調呢？」

「嗯……可是，大家本來就不可能步調一致啊。有些人內心堅強，有些人比較脆弱。」

「你說的『脆弱的人』指的是誰？」

「當然是那些反抗的人啊。」

「不對，剛好相反。真正弱勢的是那些相信你、從不抱怨、努力做事的孩子；反抗、不願意做事的人，反而握有最強的武器——擺爛和鬧脾氣。他們才是占據優勢的一方，什麼都不做卻能堅持己見，這其實需要極強的心理素質。你以為那些『撒嬌耍賴』的人很脆弱，其實他們比你想的還要強勢。如果你真想珍惜『弱勢』的孩子，就應該將焦點放在努力的人身上。」

這句話讓我瞬間豁然開朗。

於是我鼓起勇氣，對所有員工說：

「我們會繼續往前走，如果你不想參加，就不用勉強。」

結果，他們反而開始自然而然地參與其中，並且漸漸放開聲音，大聲喊出口號。

這樣的經歷，我也曾有過。

領導者與部屬的關係，和親子關係十分相似。

孩子會撒嬌耍賴，但當父母真正下定決心、穩住內心時，孩子的態度也會跟著改變。這種關係，就像是一場拔河比賽。

如果能像〈北風與太陽〉的故事那樣，當然是最理想的狀況（編註：〈北風與太陽〉為伊索寓言之一，寓指溫和的力量往往大於嚴酷）。

但若還是行不通，我認為，領導者有時也需要具備強行突破的果斷與氣魄。

正當我回憶起這些事時，導師對我說：

「你真正應該守護的人，是那些無論再怎麼艱難，依然選擇相信你、跟隨你的人。為了不讓這些珍貴的夥伴無謂地低頭，你必須有勇氣，以堅定的態度對待明顯無理取鬧的人。」

——我究竟想和誰一起前行？

這些衝突的發生，或許正是讓人思考這個問題的重要契機。

有討厭的人很正常

「嗯……舉例來說，不只是工作，在生活中遇到討厭的人時，該怎麼辦呢？」

「這是個好問題。其實，愈是溫柔、在意他人感受的人，愈難以接受自己討厭某個人。從現在開始，如果你遇到這樣的人，請務必幫我傳達這個訊息。」

「好，我會的。」

真是奇妙。當承擔起「傳達」的角色時，注意力竟瞬間變得更加集中。

「『討厭某個人是壞事』──如果你一直抱持這樣的想法，那麼我想明確地告訴你：這種罪惡感是多餘的。請告訴自己，不要再下意識地壓抑這種情緒，也不要否認自己內心的厭惡之情。」

「也就是說，可以有好惡之分嗎？」

「因為這本就無關對錯，是再自然不過的事情。」

「原來如此。」

「在職場或學校等環境中，難免會遇到不喜歡的人，卻又不得不每天見面。這時只好以假笑應對，以免讓對方察覺自己的真實情緒。

但你知道嗎？如果過於在意對方的感受，導致對方誤以為你對他有好感，那就麻煩了。自己明明討厭對方，卻因為對方喜歡自己而產生一種不對等關係，就得一邊隱藏自己的不悅，一邊無止境地與對方相處，這樣的處境會很煎熬吧？」

「是的，非常煎熬。」

「這種情況，往往會出現在那些認為『要和所有人都好好相處』的人身上。他們總是強迫自己迎合他人，導致對方根本沒察覺其真實感受，甚至變本加厲地介入生活，最終只會讓他們自己受傷。」

「那麼，該怎麼做才好呢？」

「這正是我這堂課最想傳達的一點——減少與討厭之人相處的時間、大幅增加與喜歡的人事物相處的時間，這是唯一的方法。如果你把更多時間放在自己喜歡的人身上，與討厭之人的接觸時間和煩惱自然而然就會大幅減少。」

「啊，確實如此。畢竟時間是有限的。」

「沒錯！如果有這個觀念，當討厭的人邀請你時，你就可以毫不猶豫地用『我最近真的很忙』或『那天已經有安排了』來婉拒。甚至可以直接拿出行事曆來表示遺憾，這樣既合理又不會讓自己內心不適。

簡單來說，就是要盡可能將時間投入在自己喜歡、想要相處的人身上，這樣討厭的人自然就沒機會介入了。如此一來，你不需要違背自己的內心，也不必勉強自己迎合對方，更不用因為對方的行為而感到煩躁。最重要的是，這種方式不會傷害任何人，避免內耗的同時，還能更有效分配時間。」

舉例來說，多和能讓你暢所欲言、鼓勵你的人相處。或是將更多時間投入到讓你沉浸其中、不知不覺間時間就會流逝的事物中。

總而言之，將時間花在光是想到就讓你感到幸福的事情上。

如果你現在正因為討厭的人而煩惱，其實只需要改變你的時間運用方式就能解決。

「為了做到這點，最重要的是先在內心明確區分出自己喜歡與討厭的人事物。弄清楚自己真正想與誰相處、不想與誰相處，否則只會無止境地陷入這樣的困境。」

我想應該很多人都曾經歷過這種困境吧？

畢竟我們從小就被教育：「不要用喜好去區分人，大家應該和睦相處。」

「我再說一次，討厭某個人並不是壞事。對於有情感的人來說，這是再正常不過的事。真正的關鍵在於如何處理這份情緒。請允許自己有這樣的感受，明確自己喜歡的人並珍惜他們。這才是通往更好人生最重要的事，也是我最想大聲告訴大家的道理。」

花在重要之人身上的時間

「這個問題應該困擾了許多人，我想再多補充一點，可以嗎？」

「當然，請說。」

「人是無法同時專注於很多件事情上的。每一刻，我們的注意力只能放在一件事上，對吧？」

「沒錯，確實如此。」

「當你專心閱讀一本書時，你不會想到今晚的晚餐該吃什麼；當你沉浸在壯麗的景色中時，你不會突然回想起工作的行程安排。

換句話說，**當你將時間花在思考討厭的人身上、煩惱與他們的關係時，你就是在忽略那些真正重要的人，這其實非常可惜**。這麼想的話，我們過去究竟浪費了多少時間在不值得的人身上呢？」

——聽他這麼說，我才發現這真的太浪費了。

「你應該聽過『一期一會』這句話吧？意思是：『人生可能只會遇見這個人一次，所以要珍惜每一場相遇。』

但是呢，實際上我們不可能珍視所有遇到的人。畢竟，不是每個人都值得珍惜，也不是所有人都會讓你願意付出時間與心力。」

的確，我們的時間有限。

更何況，我們不是神，無法對所有人都露出同樣的笑容、傾聽每個人的話語、平等地付出關心。

「在這個時代，光是處理自己的事情就已經夠忙碌了。從現實角度來看，我們根本不可能有時間去平均對待每一個遇到的人。

所以，我們必須清楚區分哪些人值得珍惜、哪些人不值得？否則時間就會被浪費在那些讓人煩惱的關係上。

我們應該果斷遠離討厭或不合拍的人，把時間留給自己和真正重要的人。」

時間應該留給自己和重要的人——

這句話，讓我更加深刻地體會到時間的寶貴。

「現在的社會，說漂亮話的人太多了。什麼『討厭的人是讓你成長的養分』、『每個人身上都有值得學習的地方』，這些話聽起來好聽，但多數只是站在旁觀者的立場才說得出來。」

這類話我聽過無數次，甚至自己也曾經對別人這麼說過。

想到這裡，內心不禁有點愧疚。

「退一步來說，如果一個受害者自己這麼想，那也無可厚非。但當別人對一個正在受折磨的人說這種話，就等於是在告訴對方：『你就繼續忍受吧。』

我無法對別人說出這麼殘忍的話。我的立場始終如一——『如果痛苦，就逃吧。』沒必要為了這些人熬夜煩惱、耗費心力，這完全沒有意義。」

導師的話一向直接而現實，卻也因此格外震撼人心。

對於那些用看似有道理的話語逼迫他人，甚至以華而不實的空談讓對方更加痛苦的人，導師內心感到極大的憤怒。

也許，這正是導師的溫柔之處。

「有人可能會說：『可是我有工作要做，必須忍耐。』或者『因為關係上的牽絆，我不能逃避。』

但我想問的是——這份工作、這些牽絆，真的比你的生命和人生還重要嗎？如果你因為無法抽身，而毀掉了自己的人生，那又該怎麼辦呢？」

導師情緒激昂地這麼說，我一時之間啞然。

「對不起，我有點激動了。」

「沒關係，這是很重要的事，請繼續說。」

「和誰一起做」更重要

稍微沉默了一會兒，導師再次開口：

「而且大多數情況下，當自己整晚都在為此煩惱時，對方卻能呼呼大睡，這不是很讓人生氣嗎？」

「哈哈哈！確實如此呢！」

剛才的氣氛瞬間一轉，我忍不住笑了出來。

導師繼續說道：

「你的時間和精力，應該用在對你來說更重要的人身上。而且對那些想珍惜的人全力以赴，這並不困難。」

「是的，當我知道我愛的人會開心，就有源源不絕的力量。」

「會考慮他人是美好的品德，但同時也應該認真思考如何讓自己快樂。人感到快樂和有餘裕時，才有能力考慮他人的幸福；反之，當自己覺得不幸福時，不只無法考慮他人的事情，還會對他人的幸福心生嫉妒。」

「確實如此。我不開心時，也會不小心對別人發火，這點我應該反省。」

「這是在每個人身上都會發生的事。由此可見，讓內心保持平靜、充滿幸福感是多麼地重要，自己的快樂也牽動著周圍人的幸福。這也是為什麼，無論做什麼事，都應該和喜歡的人一起。如此一來，自然會變得積極，表現也會提升，是既簡單又有效的方法。」

確實，就算都是做同樣的事，和喜歡的人一起做，與和不喜歡的人一起做，獲得的動力完全不同。與自己喜歡、尊敬、想珍惜的人在一起，自身的表現也能輕易提高。

「做什麼事」固然重要，但「和誰一起做」更重要。

「人啊，只要有幾個真心支持自己的人，就能安心地向前走。反之，不管周圍有多少人脈，若這些連接不真實，就永遠無法感到安穩。」

「所以不是結交愈多人愈好啊……」

「對，結交的人少也沒關係，更重要的是深度。如果你真心對待一個人，對方就會喜歡你，人的喜好往往超越理性和條件的範疇。那些真正關心你的人，即使你失去一切，他們也會陪在你身邊。」

導師深有所感地如此作結。

誰會一路相隨？

如果現在，我什麼都失去了，究竟誰依然會陪在我身邊呢？

寫這段對話的過程中，我將這些問題套用到自身情況，陷入了沉思。

截至二〇二二年的現在，我終於成為以寫作為業的作家，並且值得感謝的是獲得愈來愈多讀者。

從二〇二一年前創業之初的情況來看，這一切簡直無法相信。

即使坐時光機穿越回過去，告訴當時的自己：「你將來會是這樣的。」當時的我也絕對無法相信，因為現在的這個未來確實超出了我的想像。

回頭看，當初的我只是一個路邊的章魚燒攤販。

二〇二一年前，我剛開始賣章魚燒，什麼都沒有。

但我還是一步一步走到了今天。

我單純地想，如果什麼都失去了，那就再重新開一家章魚燒攤吧。

到那時，我應該還擁有過去所建立的連結。

我的員工和夥伴一定會這樣笑著對我說：

「茂哥，如果一切都沒了，從頭開始不就好了？」

這麼一想，似乎不像最一開始獨自創業那樣一無所有了。

當然，這一路走來遇過很多困難、失敗不斷，有幾度想依賴所謂的「人脈」。

但是，我依舊秉持著導師的教誨，沒有逃避地一步步走到今天，我為此感到自豪。

我在走來的過程中，能聽到導師關於人際關係的教誨，並且在這個觀念上與人建立起良好的連結，對我來說都是人生中的寶貴財富。

不逃避、不裝腔作勢、不受虛榮所束縛，與自己真正喜歡的人們一起做當下應該做的事。

我敢保證並深信，只要做到這麼簡單的事情，無論任何人都一定能獲得至寶。

第 4 章

物以類聚的法則

人所擁有的一切，
是與當下狀態相符的結果。

許願就能夢想成真？

「我們聊了這麼多關於人際關係的事，但說到底，遇見好人還是會讓人開心吧？」

「是啊。說實話，無論是工作夥伴還是顧客，當他們是好人時，確實會讓人更愉快。但這個世界上，不可能只遇見好人吧？」

「不，這其實很容易。只是包括你在內，很多人把事情想得太複雜了。」

導師輕描淡寫地說道。

「是這樣嗎？如果真的有方法，請一定要告訴我。」

「方法很簡單、直接。關鍵是必須一開始就真正理解『吸引力法則』的本質。」

「吸引力法則……就是那個『許願就能夢想成真』的法則嗎？」

「沒錯。但實際上，這個法則沒有這般夢幻，而是更加現實。」

「是這樣嗎？我一直以為這只是心靈雞湯類的理論。」

「不，真正的吸引力法則，其實蘊含著更深的道理。而這個道理殘酷卻足以適用於所有人際關係，所以你一定要記住。」

真正的成長，是從內而外地擴展。

不是執著於遠方，而是珍惜當下、珍惜眼前的人，清楚地選擇要與誰同行。

接下來，導師開始論及第四個重要的主題——

「你聽說的吸引力法則，都是說『許願就能夢想成真』，對嗎？」

「是啊，我一直是這麼理解的，難道不是嗎？」

「那麼，在你周圍，有多少人真的因為這個法則而實現願望呢？」

「這麼一說，好像沒幾個。」

「這正是因為，真正的吸引力法則其實是有條件的。」

「怎麼說？」

「舉個例子，如果你現在決定開始學鋼琴，你會怎麼做？」

「開始練習鋼琴。」

「那為了彈得更好，你該怎麼做？」

「應該每天努力練習。」

「這就是關鍵。不是『許願就能夢想成真』，而是『許願後必須不斷行動才能夢想成真』。如果你只是躺著空想，即使過了十年，也不會變成鋼琴高手。」

「確實如此。」

「吸引力法則更準確的說法是『共振法則』。就像我們說的『跟某個人特別合拍』，或者俗語說的『物以類聚』。」

「這些說法我都聽過。」

「關鍵在於，同層級的人事物會互相吸引。」

「所有人事物都有『層級』的概念嗎？」

「當然有。就像公寓或車子的價格不同，正是因為層級有別。在人際關係中，人的『層級』則是綜合了工作、家庭、朋友、思維方式等各方面的『人格能量（編註：日文為「人間力」，即一個人在社會上能不屈不撓活下去的綜合能力，或對他人的影響力）』。這些東西都決定了你會遇到什麼樣的人。

簡單來說，人通常會遇到與自己處於相同層級、或相似狀態的人。就像在大樓的一樓，你會遇到同樣在一樓的人；而如果你站在頂樓，就會遇到同樣在頂樓的人。」

「原來如此。」

「再舉個簡單的例子，飯店會分經濟房和豪華套房，這樣就快速區分了人的社會地位和經濟實力。」

「確實，飯店的價格就是一種層級劃分。」

「對啊。我們平時可能不會特別注意到，但其實整個社會的運作方式，尤其是在資本主義國家，很多地方都有這種『無形的層級制度』。」

決定層級的關鍵

「也就是說，人會根據經濟水平聚集在一起嗎？」

「確實有這種傾向，但其實真正決定層級的是更核心的東西。」

「是什麼呢？」

「人的思維方式與態度。」

「意思是內在因素比外在條件更重要？」

「沒錯。人是靠『內心』驅動的，所有行動都從內在想法出發。因此，真正影響一個人會遇見什麼人、進入什麼圈子的不是金錢，而是其價值觀、行動模式，以及對待世界的態度。」

仔細一想，確實如此。

「就像喜歡狗的人，自然會和同樣喜歡狗的人變得親近。喜歡說人壞話的人，也會和愛八卦的人湊在一起；相反地，總是充滿正能量、習慣稱讚別人的人，沒辦法長時間和滿嘴負面話語的人待在一起，即便他們的經濟水平相同。」

「原來如此。」

「所以，努力向上的人，會遇到同樣努力的人；而只會空想、不行動的人，就會和那些整天喊著『這樣就好了』的人混在一起，白白浪費時間。結果呢？他們所擁有的，也就僅限於這個層級的事物。」

「物品也能像這樣吸引過來嗎？」

「當然可以啊。你想住在什麼樣的房子裡？想開什麼樣的車？」

「能奢望的話，我想住在能看到美麗景色的豪宅裡，有機會也想試試開高級車。」

說這話的我，當時還開著一輛十萬圓買來的二手旅行車。

「現在辦不到吧？」

「是啊，很遺憾。」

「那麼，要怎麼做才能實現呢？」

「只要爬升到能夠擁有那些東西的層級就行了。」

「沒錯，就是這個重點！」

一向語氣溫和的導師突然強而有力地這麼說，讓我嚇了一跳。

中樂透反而變得不幸？

「人所擁有的一切，無論是人還是物，都是與他當下的狀態相匹配的結果。但這世上有時也會發生看似幸運的事情。」

「例如什麼事情呢？」

「比如中樂透，或者沒怎麼努力卻突然有好事降臨。但這些其實是一場陷阱遊戲。」

「是這樣嗎？看到這種人，還是會覺得很羨慕啊。」

「從吸引力法則的角度來看，這一點都不值得羨慕。你知道這個統計數據嗎？大多數中樂透頭獎的人，最終都變得不幸。」

「是的，我有聽說過。」

「那是因為，他們當下還不具備與之相符的能力。換句話說，當遠超自己當前水平的東西突然降臨，結果往往很快就會消失，自己也會被打回原點，有時甚至還會被推落下去。」

「這麼想的話，『天上掉下來的餡餅』反而讓人害怕呢。」

「沒錯。這種現象，其實就是披著機會外衣的危機。」

我開始覺得，那些中了樂透大獎的得主，並不是值得羨慕的幸運兒，而是無意間選擇了一條充滿荊棘而艱難道路的挑戰者。

「其中也有極少數不受影響、人生沒有崩壞的人，他們是什麼樣的人呢？」

「好問題。他們要嘛是內心足夠強大，不會因為突如其來的鉅款而迷失；要嘛是已經擁有相當財富的人。對這類人來說，那筆錢只是資產的一小部分，生活並不會因此改變。換句話說，他們早已處於那個層級，所以吸引力法則對他們來說運作得很自然。**這不只適用於財富方面，也適用於人際關係上。想遇見優秀的人、想過上富足的生活，最快的方法就是讓自己提升到那個層級。**」

「請問……我可以問個問題嗎？」

「當然。」

「如果是父母本來就很有錢，或者結婚對象很富有，自己也相當於處於那個層級嗎？」

「你的問題愈來愈有深度了。」

「啊，謝謝。我只是單純有點好奇。」

「事實上，當身處這樣的環境、有機會結識優秀的人時，反而更需要努力提升自己，否則最終還是會失去一切。因為，吸引力法則只適用於自己本身。」

「意思是，無法靠周圍人的幫助來維持這個層級嗎？」

「嚴格來說，是這樣沒錯。即使運氣好，嫁入豪門或結交富有的朋友，那份財富也只是別人創造出來的。如果無法讓自己與之匹配，最終只會變得過度依賴對方，過上寄人籬下的生活。就像有些富二代，最終揮霍掉父母辛苦建立的資產。

還有一種情況，有些人因為接觸到高層級的人，就自以為地位變高，開始對周圍人擺架子，最終被眾人孤立。這些都是吸引力法則在運作，使人獲得與自身真正實力相符的結果。」

「與自己真正匹配的人、物、金錢、機遇，才會出現在生命中……這就是吸引力法則啊……」

「沒錯。所以我才說，這個世界很殘酷，最終一切取決於自己怎麼活。你的態度決定了你會遇見什麼。這樣想的話，是不是很簡單？」

「是的，非常簡單。」

頂峰相見

「所以啊，與其羨慕那些成功者，甚至批評他們，倒不如把時間花在提升自己的層級上，這才更有意義。」

「這就是您前面說過的，要對眼前的事情全力以赴的意思吧？」

「沒錯。所以今天早上我才對你說，不要只是一味地追求結識厲害的人，你還有很多該做的事情。

如果不先做好這些事，即使見再多成功人士，也只是在浪費金錢與時間，最後只會落得自我滿足罷了。

我知道，對於剛起步的年輕人來說，這番話可能有點刺耳，但我認為這是極其重要的道理。」

「謝謝您教導我。」

我是真心的感謝導師。

「不不不，我只是以前輩的身分說了應該說的話而已。

而且，如果你真的遇到了那種人，並且僥倖得到好處，可能會產生『只要靠別人，事情總能解決』的依賴心態。這種習慣一旦養成，是很難改掉的。能夠早點察覺到這點，對你來說是件好事。」

對我而言，這已經不只是件好事了，我覺得自己三生有幸才能這麼早領悟到這點。

「正如我一再強調的，只要對自己所走之路充滿自信，一步步前進就好。**無論眼前的山看起來多高，穩步前行總能抵達山頂。而且山頂範圍狹窄，當你登上去後，自然會遇到那些在不同領域裡精進自己道路的人。不管你願不願意，這都是必然的結果。**」

的確，無論哪座山，愈接近山頂，空間就愈狹小。

單純從登山的角度來看，愈往上走，路線交錯的機會也愈多，自然更容易遇見在差不多高度上的人。

「當你還在山腳下時，不管怎麼朝著山頂上的人呼喊，他們都聽不見。唯有一種方式能讓那些人注意到你。」

「就像您前面說過的那樣，展現自己努力攀登的樣子，對吧？」

「沒錯。因為那些已經登上山頂的人，會想要幫助那些像過去的自己一樣正在努力攀登的人。」

鑽研到極致

「無論選擇哪條路都可以。不管是章魚燒店、居酒屋、寫書、顧問，還是其他任何工作，只要專注於該做的事、堅定地走在自己的道路上，在那個領域內的層級就一定會提升。這跟你是藝人、大企業家、魚販還是蔬果店老闆無關，只要爬到一定的高度，他們就會將你視為登上舞台的人來接納你。看似繞遠路，實際上卻是最快的捷徑。」

這句話很有道理。

「即使你見到多有名的人，那都是他們自己選擇的道路。再怎麼憧憬，你也不可能走上完全相同的路。與其仰望別人的軌跡，不如專注於該做的事，持續向上攀登，最終你也一定能到達頂峰。」

「自己的道路嗎？聽起來很棒，我也想走這樣的路。」

「過去有位茶道大師名叫千利休，連大名都會來向他請教。他所講述的內容深遠而富有哲理，但你知道嗎？他只會談論茶道。然而，當一個人徹底鑽研自己的領域、不斷精進，終有一天也能讓人深受感動。這不僅限於茶道，料理也是這樣。」

「任何職業都是如此嗎？」

「沒錯，任何職業都一樣。當你追求到極致、領悟愈來愈深時，假以時日或許連大企業的社長都會來向你請教。因為愈往高處走，道路就會匯聚。不管起點如何不同，只要持續走在自己的道路上，最終大家都會在山頂相遇。」

我的腦海中不禁浮現出那些仰慕的名人和作家。

糟了，不自覺地露出了微笑。我唯獨想像力比一般人還要強呢。

「你有你自己的路，以及屬於你的登山方式。與其只是找人詢問，不如先自己登山。當有其他人來登山時，你可以成為那個教他們怎麼爬的人。」

聞言，我真心希望有一天能夠達成這個目標。

「到目前為止，我問了你好幾次『想與誰同行』對吧？前面說明吸引力法則時也提過，如果深入探討這個問題，最終都會回歸到『你的生活方式』上。換言之，應該先確定自己該以什麼姿態去生活。」

「人總是會與和處於相同層級的人走在一起，所以『想與誰同行』其實是在問我『想成為怎樣的人』，是這個意思吧？」

「正是如此。即便遇到再好的人，如果雙方層級差距太大，恐怕將遺憾地無法建立起深層連結。若真的想與之建立深厚的關係，最快的辦法就是成為與他們相配的人。」

每個人都生活在吸引力法則的框架裡。

因此，人們會與處於相同層級的人相遇並建立聯繫。

換句話說，「想創造怎樣的連結」追根究底就是「你要成為怎樣的人」。

吸引力法則的附帶法則

「這麼一想，我們每個人都在吸引力法則的運作範疇內生活，我現在完全明白這點了。」

「這確實適用於每個人，而且還有一點必須牢記，吸引力法則其實有另一個附帶法則。」

附帶法則？那是什麼？

「那就是『分離法則』。這有點沉重，但我們應該知道它的存在。」

「意思是總有一天會漸漸與人分離嗎？」

「是的。人會隨著成長而改變層級，但遺憾的是，不是每個曾經在你身邊的人都能跟著一起進入新階段。當差距出現，分離就會到來。」

原來如此，這就是吸引力法則會附帶的結果啊。

「你可以將這個概念套用到自己的生活中，會更清楚瞭解。試著回想一下，你是否有過這樣的朋友，明明從沒吵過架、也沒有討厭對方，卻漸漸疏遠了？」

「有。」

「那是什麼時候發生的？」

我思索了一下，發現一些共通點。

這種情況通常都發生在搬家、升學、換工作，或生活中發生某些變化的時候。

「對啊。當失去了面對面接觸、一起共度的時間這類物理上的接點，人際關係自然就會產生變化。比如，幼稚園時很好的朋友，現在也不會每天一起玩了。當具體的環境發生變化時，大家自然而然會走向不同的路。」

「這樣說來，確實如此。」

「這不僅是從孩子變成大人的過程中才會發生的。即使是成年人，在轉職或開始新事物的時候，也可能因為這些變化而必須與某些人分開。

換句話說，**當一個人以某種方式進化時，無可避免會經歷人際關係上的劇變，我們必須記住這件必然且理所當然會發生的事。**」

「原來如此。」

「因此，即使要和曾經一起走過的朋友或夥伴分道揚鑣，那也是無可避免的。那一刻，你可能會感到無法言喻的寂寞，甚至感到孤獨。」

「想想就感覺很難受……可以的話，我不想經歷這種事。」

「確實，分離是痛苦的。但與此同時，吸引力法則也會幫助你。不要被寂寞擊倒、繼續向前走，前方一定會遇到與你有相似想法和價值觀的人。而從那時起，一段全新的人際關係便會隨之展開。」

專注於自己的道路

「如果那些曾經在身邊的人，無法適應我所在的環境，甚至開始反對，這時候該怎麼辦呢？」

「沒辦法。」

「真的沒有其他方法了嗎？」

「沒有，這件事真的是無可奈何。你無法強行改變，唯一能做的就是停止進化，但那是不可能的，所以還是沒辦法。」

我自己也經歷過無數次的相遇與分離。

不僅是我，我透過工作認識了很多人、聽過很多故事，發現這樣的情況其實是很常見的。

而且我還察覺到一個現象，分離的時期其實有其規律性。更具體地說，分離往往發生在一個人生活即將迅速提升的前夕。

如果有人從你決定前進的那一刻漸漸離去，只是因為你們的方向不再一致，這並不意味著誰對誰錯。

這時你已經開始踏上新的人生旅程，應該專注於新世界，並努力進入新階段。

如果在這個過程中，離開的人在外面說了什麼，只要那些言語不會妨礙你的未來進程，最好的做法是不要去反駁。

那些抗拒和困難，其實正是你全新自我誕生的信號。只要從一開始明白這點，心態就會穩定下來。

知道這個法則後，自己的心境會更加穩固，情緒也能保持平衡。因此，我覺得這是非常重要的事。

最後要再重申一次。

「吸引力法則」和「分離法則」是相輔相成的。

雖然看起來很悲傷，但正因為這樣，我們才能更清楚地看出哪些人對自己是重要的。

回顧過去，看看那些你熟悉的人——

已經不在了嗎？看看那些會和你共同歡笑的人——

已經不在了嗎？看看那些說「我會支持你」的人——

已經不在了嗎？看看那些歷經風霜，依然還在你身邊的人吧。

吸引而後分離。

我們生活在這兩個法則之中，分離是理所當然的，人際關係就是如此地不穩定。

因此，那些依然陪伴在我們身邊的人，可以說是一種奇蹟般的存在。

而現在，你已經擁有這個奇蹟了。

如果你現在正經歷與某人分離的痛苦，請將一些原本用來為離開之人感到難過的時間，轉而用來關心身邊依然陪伴著你的人。

然後，勇敢地向前邁出新的一步。

因為在前方會有一個人願意接納你、等著你。

我們每個人都在吸引力法則中生活。

最終章

提高人生價值的方法

喜悅與感動湧現，
將滋潤你身邊的一切。

讓人際關係輕鬆順利的三件事

不知不覺間，天色已經逐漸暗了下來。

深秋時分，白晝變短的速度愈來愈快。相比九州，東京的日落時間晚了近一個小時，更讓人感覺一天結束得特別快。

但真正讓我產生這種感覺的原因，或許是因為我太過沉浸在與導師的對話中，以至於完全忘記了時間的流逝。

「時間過得真快啊。」

「不好意思，占用您這麼多時間，真的非常感謝。」

「你說今天搭最後一班航班回去，對吧？」

「是的。」

距離登機手續截止時間還有兩個半小時，考慮到前往機場的路程，我必須在一小時內動身。

「這樣啊，你得趕回九州呢……那麼，關於人際關係的課題也該進入總結了。我該說的重點基本都講完了，最後就讓我總結一下『在人際關係中，你一定要記住的幾件事』吧。」

「好的，非常感謝。」

「今天的最後，我想跟你討論的問題，是在有限時間裡，你要選擇和誰共度時光。

人與人相遇，真正能建立深厚聯繫的人，其實比我們想像中還要少。朋友也是如此。小時候我們都會唱〈能不能交到一百個朋友（友達100人出来るかな）〉這首兒歌，但當我們真心經營人際關係後，就會發現──根本不需要一百個朋友，而且本來就交不到那麼多朋友。」

直到今天早上以前，我都毫無疑問地深信人脈愈廣愈好。

然而，夜幕降臨的此刻，我的想法已經徹底改變了。

「世上有兩種人：付出的人和獲得的人。我希望你成為付出方，因為這才是通往幸福最快的捷徑。」

「付出方……可是，我現在好像沒什麼可以給別人的。」

「不需要物質上的東西，行動就足夠了。而且，你可以立刻開始。」

「具體來說，我該做些什麼？」

「很簡單，只需要做三件事。第一，保持微笑；第二，認真傾聽對方說話，對其話題表現出興趣；第三，懷抱善意，適時給予溫暖的關懷。」

「這麼簡單就可以了嗎？」

「你說簡單，但真正要做到並不容易。」

「如果這樣就可以，那我願意嘗試。」

「不是『這樣就可以』，『這正是』人際關係的核心。當人們看到一張冷漠的臉時，內心會不自覺地想：『這個人是不是不喜歡我？』相反地，遇到一個自然微笑的人，就會感到安心。」

確實，這些話說來簡單，卻很少有人能真正做到。

「而且，任何人都渴望被理解、有人聽自己說話。因此只要點頭傾聽，就足以讓人感覺得到救贖了。」

仔細想想，每當我處於低潮或感到歡喜時，那些默默聆聽我說話的人，總是給我莫大的安慰。

我呢？我是否也能成為這樣的人？

「除了微笑著點頭傾聽，還要給予溫暖的話語，必須將這三者結合起來。尤其對處於弱勢的人來說，簡單的一句『辛苦了』或『謝謝你』，都能讓他感到欣慰。

如果連這麼簡單的事都做不到，是不可能建立良好人際關係的；反之，做到這三者的絕大多數人，人際關係都會很順利。這可說是作為付出方的所有關鍵。」

當付出得不到回報時

「我會牢記這些，並養成習慣的。不過，我能再請教一個問題嗎？」

「當然。」

「聽了您的話後，我希望自己能成為付出方。但如果我努力付出，卻什麼回報都沒有，該怎麼辦？」

「嗯……坦白說確實會有這種情況。不過，我還是希望你繼續擔任付出方這個角色，因為這也是為了你自己。」

「為了我自己？」

「對，為了你自己。世界上確實有只索取而不回報的人。這種人最終會讓身邊的人逐漸遠離，直到他自己意識到問題。

但你不能因為沒有得到回報，就選擇放棄。當然，也不必一直執著於這些人，該離開的時候就離開。」

「這樣也可以嗎？」

「當然可以。若你一直將精力耗在不懂得回報的人身上，最終受傷的只會是自己。真正的付出，並不該是犧牲自我，而是要發自內心地感到快樂。如果真的遇到這種情況，**並不是你的付出沒有價值，只是將心力放錯對象了**。」

「所以，這其實只是選錯付出對象的問題嗎？」

「沒錯。一般來說，人都會對溫暖與善意有所回應，但偶爾也有例外。而當你持續付出時，就像每天鍛鍊肌肉一樣，你的『For You 肌肉』也會變得愈來愈發達。」

「For You 肌肉？」

「對，換言之就是你的『給予力』。當你遇到一個願意多多回報的人時，你付出愈多，得到的回報就愈多。而願意不斷付出的人，總有一天會吸引到『加倍奉還』的人。因此，你就想成這是在此之前的鍛鍊就好了。」

聞言，我的內心瞬間充滿了希望。

付出方最終都會相互吸引

「不僅如此，這麼做還有很多好處。」

「什麼好處？」

「在吸引力法則的作用下，同樣想要給予他人者會漸漸集中到你的身邊。這些人本就樂於助人，他們會如呼吸一樣，自然而然地成為你的後盾。」

「如果只是一味地付出，難道不會引來一堆只想索取的人嗎？」

「是這樣沒錯，一定會有這種人來接近你。但是，從商業的角度來看，這也是件好事，不是嗎？畢竟願意來找你的人，可能就是你的顧客。」

「說得也是。」

「當你成為付出方，你身邊最親近的人，毫無疑問會是與你有相同想法的人，也就是同樣想要給予的人。你疲於付出時，他們就會挺身而出地說：『沒關係，現在就交給我們吧，好好休息一下。』他們平時就習慣付出了，當然也會為你付出。」

確實是如此。

「所以，從人際關係的角度來看，成為付出方就能進入到很棒的循環中。

相反地，那些只會索取的人，身邊也會聚集相同類型的人，這是很危險的。一旦遇到困難，他們會毫不猶豫地離開，甚至為了自保而不惜推開別人、率先逃跑。待在這樣的環境裡，需要時刻擔心自己擁有的會不會被奪走，這種生活未免太痛苦了吧？這就是我說『為了你自己』的原因。」

原來如此，一切都緊密相連。

人生的價值

「你認為人生的價值是什麼？」

「成為讓人感到喜悅的人吧。」

「這當然算是人生的價值，但還有一個關鍵。」

「是什麼呢？」

「不僅要能讓人感到喜悅，更重要的是，自己也能與對方一同感受這份喜悅。」

「人很容易只偏向其中一邊呢。」

「這樣是不行的。人生真正的價值，其實在於能夠與人一起分享多少喜悅、一起開心地笑多少次。如果只是單方面的犧牲，不論是自己還是對方，都無法提升人生的價值。只有彼此都能共享喜悅，才是最理想的人際關係。」

光是想像，就覺得這是一種美好的關係。

「所以啊，你要有自信，並和現在身邊的重要之人，共同創造更多可以一起喜悅與感動的時刻。這就像挖井一樣，如果還沒挖深就換一處挖，將永遠無法找到真正的水源。」

「不停尋找新的邂逅，就像是您說的這種狀態呢。這樣想來，確實很可惜。」

「沒錯。明明再挖深一點就能發現水源，卻半途而廢、轉向別處，真的太可惜了。與其不斷轉換目標，不如專注於一個地方深入挖掘，終有一天會發現地下相連的水脈。屆時，水井自然會湧出源源不絕的水。」

「這水可以解釋為『喜悅』嗎？」

「正是如此。喜悅與感動湧現，將滋潤你身邊的一切。有了水，樹木與花朵就會綻放；水源充盈，也會引來更多需要它的人。而這條水脈不在遠方，就在你如今站立的這片土地下。」

「意思是就在此時此地，對吧？」

「沒錯。今天的談話很愉快，路上小心。」

「真的非常感謝您。」

我向導師與工作人員道別後，踏上了前往機場的路。

歸屬不在遠方，就在當下。

我們真正該做的，不是去追尋憧憬的遠方，而是珍惜眼前的一切。

深入挖掘，直到找到那條屬於自己的水脈。

與此刻陪伴我們的珍貴之人，一起前行。

尾聲　如果與眼前之人的時光是最後一次呢？

我們每天擁有的時間都是二十四小時。

然而，今天過後的明天，並不是百分之百必然會到來。

生命或許在幾個小時後就終結，抑或明天便戛然而止——未來其實充滿不確定性。

在生命旅程中，我們與無數人相遇、共度時光。

而這些相處的時刻，對於眼前的每一個人——無論是家人、朋友、戀人，還是主管、部屬、顧客，乃至踏出家門後遇見的陌生人——都同樣有限。

也許，現在站在你面前的這個人，他的人生也即將走到終點。

為了不讓自己在那一刻留下遺憾，我們必須思考一個問題。

如果有人告訴你，你的生命將在明天結束，你最想和誰共度最後的時光？你會想向誰道謝呢？

這時浮現在你腦海中的，可能是家人、戀人、朋友的身影。

又或是那些每天理所當然會遇見的公司同事。

甚至是你的寵物。

每個人心中最重要的存在都不盡相同。

拉丁語中有一句話：「Memento Mori.」

直譯為「勿忘你終將一死」。

這句話的真正含義是：「正因思考死亡，生命的能量才得以湧現。」

我們每個人都終有一死。
如今陪伴在你身邊的人，也終將有與你分離的一天。
當我們意識到死亡的存在，原本習以為常的日常便會展現出不同的風景。
當我們直視死亡，生命的意義才會在我們面前浮現。
當我們觸及死亡，那些一直在我們身邊、理所當然存在的珍貴之人，也會變得更加清晰。

放下虛榮與浮華，試著再一次問問自己——

真正重要的人是誰？
那個重要的人，如今正露出笑容嗎？

答案並不遙遠。

那些此刻就在你眼前的人，才是讓你的人生飛躍的關鍵。

這是十七年前，我的導師送給我的一句話。

如今，我想將它轉交給你——

你想與誰同行？

後記　花十七年寫成的書

二〇〇五年，自那場震撼人心的價值觀轉變之日，至今已經過去十七年。

我在那年之後的隔年降生的次子，如今已是高中生；從二〇一〇年正式開始作家生涯至今，十二年轉瞬即逝。

這本書，正好是我執筆創作的第三十本作品。

或許有些讀者一直在關注我的作品，或是本就熟悉這類探討人生的書籍。

然而，也一定有人是第一次翻閱我的書。

因此，我想藉此機會，向大家說明一件事——

在這本書中，教會我無數道理的人是誰？

「你想與誰同行（君は誰と生きるか）」這句話的發表者，即書中登場的導師，正是日本知名的納稅大戶、暢銷商業書作家——齋藤一人老師。

其影響力極為廣泛，且為眾人所知，我希望讀者能夠不帶任何先入為主的觀念來閱讀本書，因此選擇在後記中才介紹他的存在，希望大家能理解這點。

我很早就萌生一個念頭：「總有一天要寫下一人老師當年教授的人際關係課。」卻花了很長的時間才真正動筆。

當然，過去我曾在出版的書籍中，零散地寫過導師傳授的智慧與教誨。

然而，以與一人老師對話的形式完整撰寫一本書，則是繼二〇一〇年出版的《齋藤一人的道路自會開展（斎藤一人の道は開ける，暫譯）》與《齋藤一人的驅動人心之道（斎藤一人の人を動かす，暫譯）》以來，時隔十二年的新作。

並不是我不想寫，而是當時的我還無法完成這本書。我總覺得：「我還不具備能夠書寫這些內容的能力。」

事實上，我也確實尚未達到能夠真正理解並傳遞這些智慧的境界。

帶著這樣的心情，我時常向一人老師最親近的弟子，同時如姊姊存在的柴村惠美子社長請教，詢問何時才是發表這本書的合適時機。

「當真正適合你傳達這些內容的時刻到來，機會自然會找上你。與其著急，不如踏實做好當下該做的事。」

她這句話成了我的指引。最終，機會果然如她所說，主動來到我面前，這本書的企劃因此得以實現。

在此，我想向這十七年來始終指引我人生方向的齋藤一人老師，以及總是給予我溫暖建議的柴村惠美子社長，表達我由衷的感謝。

此外，這本書的完成，也象徵著我與Forest出版（フォレスト出版）多年的合作，終於在這個時刻結成了具體的成果。

本書第100頁，我寫到：「始終堅持與那些從無到有一路同行的夥伴，共同創作一本本書籍。」

然而，這本書卻是我在Forest出版推出的第一本著作。

這或許讓人感到矛盾，但實際上並非如此。

當我僅出版了三本書時，正是Forest出版給了我機會。原本，二〇一一年我就應該在Forest出版發行一本書，卻因我的能力尚不足，使這個企劃最終未能實現。

一般來說，當這種情況發生後，出版社與作者之間的聯繫會逐漸疏遠。然而，Forest出版的創辦人太田宏社長卻不一樣。他時常親切地對我說：「茂，走吧，一起去喝一杯。」他不僅把我當作作者，更將我視為出版界的後輩，教導我業界的種種事情，並分享作為作者應有的姿態。

某一天的談話中，我提到：「我從導師那裡蒙受一句教誨──『你想與誰同行？』」聞言，太田社長當即鼓勵我：「就是這個！我們把這句話做成一本書吧！」

在他的支持下，他介紹了森上功太總編輯給我，這個企劃便由此展開。

這本書的誕生，源於導師的教誨、柴村社長的指引、太田社長給予的機會，以及森上總編輯的精心指導。

回顧這一切、執筆寫下這篇後記的同時，我感覺書中多次寫下的這句話：「只要確實做好自己該做的事，那個時機一定會到來。」如今更加深刻地烙印於心中，並帶來強烈的共鳴與確信。

在此，我要由衷感謝給予我這個機會的太田宏社長、讓這本書成為現實並推向世界的森上總編輯，以及Forest出版的所有工作人員。

同時，也想藉此機會向一直配合我的步調、並肩前行的人財育成JAPAN股份有限公司團隊，以及永松茂久出版團隊的夥伴表達感謝。謝謝大家一直以來的支持，未來也請多多指教！

最後，想對手握這本書的你說——

正如我先前所提到的，由於我的成長過程緩慢，直到現在才將這本書的內容傳達出來，沒想到花費了整整十七年。然而，我仍然堅持以故事的方式忠實地重現當時的對話，這背後有兩個重要的理由。

首先，一人老師的話語深奧且富含意義，即便理解力再強，也不可能僅聽過一次就能完全吸收並內化。

因此，我希望讀者能一遍遍地閱讀本書，彷彿親身體驗當年我與一人老師對話的場景，藉此導師的話語將逐漸滲透到你的內心，這是我堅信的第一個理由。

第二個理由是，我與森上總編輯討論後決定，希望這本書的定位不是「給出答案的書」，而是「讓讀者自行思考的書」。

換句話說，這本書的目的並非提供一套行動準則，如「你應該這樣做」，而是拋出一個關鍵問題：「你想與誰同行？」

這並不是一本讓你從別人那裡獲取標準答案後就結束的書，而是希望你能在未來的人生旅程中，親自找出自己的答案。

如果某一天，你在人際關係上感到迷惘時，希望這本書能夠成為指引你方向的指南針。若是如此，對我而言將是無比欣慰的事。

「你想與誰同行」的答案其實一直存在於各位心中，甚至可以說只有你自己知道。

願各位能早日察覺到生命中至關重要的存在，提早一天──不，甚至是提早一秒的時間都好。

願各位不受「人脈至上」的迷思所迷惑，昂首挺胸地走在屬於自己的道路上。

願各位與最重要的人，在未來的歲月裡幸福安好。

在搬遷至麻布的新出版辦公室迎來第一個秋天的此刻，我凝視著東京鐵塔那無論發生什麼都始終不曾動搖、持續閃耀的光芒──

滿懷感謝之心。

二〇二三年十月　永松茂久

特　典

提高魅力的方法

本篇故事的五年後——

拒絕來者

二〇一〇年，距離那次震撼性的教誨已經過了五年。

那段時間的我，不再像以前那樣東奔西跑，而是專注於和員工一起完成自己該做的事，可以說是毫不分心。

事業方面，我在中津市開了兩家店；隨著員工增加，也在福岡市中心的天神大名地區開了「陽なた家」。

秉持著「不是去網羅一流人才，而是讓現在的人變成一流」的理念，我們成立了培訓事業部。在鹿兒島知覽舉辦的春季研修，只靠口耳相傳就吸引了超過三百人前來參加。

與此同時，我開始正式投入出版事業。書籍付梓成冊後，受邀演講的機會隨之增加，演講地點從中津、福岡，遍及全國各地。

我很重視待在現場的時間，因此演講行程幾乎都安排當天來回，只要有可能就待在店裡，但也忙到讓員工們感到擔心。雖然工作愈來愈多，我還是和員工一起不斷深耕我們所在的土地。

五年前，我總是主動到處拜訪；如今情況相反了，許多人特地前來我們店裡，我也花了許多時間與這些人進行面對面的交流。

來訪者大多是來談生意的，但也有些是對人生感到迷惘的人、苦於人際關係的上班族，或是準備創業的年輕人等，大家的煩惱五花八門。

就在這時，我又從導師那裡接到下一個課題。

「看起來挺忙的啊。」

「是的，託您的福，最近各種邀約多了起來。」

「嗯，那差不多該教你下一個階段的東西了。」

我一邊心想：「今天又會聽到什麼驚人的內容呢？」一邊跟著前往導師的辦公室。

「你知道『來者不拒，去者不追』這句話吧？」

「當然知道，我也是一直抱持著這樣的態度在做事。」

「不過現在的你，差不多該開始『拒絕來者』了。」

「咦？要拒絕嗎？我現在可是全力以赴地面對眼前的每個人啊。」

「我知道。正因如此，你更該開始選擇性地接受別人的請求。我來告訴你為什麼吧。」

「還請您指教。」

這時的我已不像以前那樣容易受到打擊，很快便開始準備傾聽導師怎麼說。

「你現在已經學會珍惜身邊的人事物了，這樣就能建立起各種口碑，人自然而然便會聚過來。」

聽導師這麼一說，我才發現自己現在正處於哪一階段。

「因此，**你接下來要做的，不是追求數量，而是提升品質。從長遠來看，這樣才能建立起更好的人際關係。**」

「原來如此，我明白了。」

「換句話說，當口碑傳開、人開始聚過來時，你便開始對他人產生『利用價值』了。」

「意思是，我變得容易被人利用嗎？」

「嗯，說得不好聽一點，是這樣沒錯。來找你的人往往懷著各種目的，有好有壞。現在一切才剛起步，並不像你想像的那般穩固；就這樣一路走下去，可能會漸漸無法掌握腳下的狀況。所以，現在正是應該更進一步去珍惜身邊人的時候。即便要擴展人脈，也應該選擇對你們雙方都真正有益的人，將時間投資在他們身上才是明智的選擇。總而言之；你接下來必須守住『品質』。」

提升品質

「守住品質……」

「沒錯。不論是商業、出版還是演講，只要有好好思考：『怎麼做才能讓合作夥伴和顧客都更幸福？』自然就能順利發展。

但你知道嗎？這時很多人會萌生一個念頭：『既然至今都很順利，只要再擴張一下，營業額就會上升吧？』而問題就出在這裡。」

「會導致品質下降，對吧？」

「沒錯，而且你現在才好不容易剛剛建立起穩固的基礎。年輕氣盛之下，往往急於嘗試各種事情，但大多數情況都為時過早。畢竟大部分的人，本性就像是一匹野馬。」

我理解那種急躁的感覺，也常常被說像匹野馬。不過，野馬如果沒遇上好騎師，就會永遠是匹野馬，無法馴服也無法前進。

「所以，我們這些有經驗的人才需要提供建議。」

「真的非常感謝您。」

「不不，我說這些不是為了讓你道謝。總之不管怎樣，**懂得篩選人際關係、與特定之人建立更深的連結比較好**。說得帥氣一點，就是要**創造出『供不應求』的狀態**。」

「您的意思是，要減少提供的數量嗎？」

「對。簡單來說，就像那些排隊名店一樣。為什麼會大排長龍？就是因為想要的人太多，提供的數量或速度趕不上需求，不是嗎？」

「是的，正是這樣。」

這點我自己也有親身經驗。

我當初開的章魚燒店總是大排長龍，但這可以說是我刻意營造出來的景象。章魚燒的製作過程需要一段時間，本來就容易造成大排長龍的局面；若要維持品質，勢必還要花更多時間製作。

我當時常常想：「如果多加一組行動攤販，營業額是不是會更高呢？」

身為資深商人的母親卻給我一句忠告：

「不要勉強擴張。這個時機點，只要多思考怎麼讓現在來的客人更開心，事情就會順利起來。」

於是我沒有擴增人手，而是將章魚餡料加得更多。

這麼一來，又掀起新一波的口碑宣傳，排隊人潮更多了。

正因為這段經歷，我對導師所說的「創造供不應求」這件事有切身體會。

激發好奇心

「不論是商場上、人際關係中等各種方面，人都有個共通點——希望受到重視。因此，人會自然地聚集到那些願意重視他們的人身邊。這個道理很簡單，但很多人會忘記；尤其是一切順利的時候，更容易忽略這點。」

「原來如此，我會牢記在心的。」

「一般人不會因為你太忙而沒見面就生氣，只會覺得這也無可奈何；但要是在實際見面時被草率對待，就會感到不開心。既然如此，不妨一開始就設定一個原則：『為了好好對待每一個人，我能見面的人有限。』這樣做反而能提高你的魅力。」

魅力——這個詞和「帥氣」一樣，定義簡單卻很少被拿出來好好談論。聽到導師提起，我不禁眼睛一亮。

「這麼做為什麼會提升魅力呢？」

「要想知道原因，必須先瞭解魅力的結構。」

「魅力也有結構嗎？」

「當然有。你想提升自己的魅力嗎？」

這還用問？我當然想！誰會不想呢？

我用力點頭，誠意十足地表示肯定。

「人際關係就像是一場魅力競賽。其實道理也很簡單，只是很多人沒注意到，因此記住這點絕對能對你有所幫助：**魅力的關鍵特性之一，就是和『距離』成正比。**」

「距離？」

「對，就是距離。距離愈遠，魅力就愈強。」

「咦？我原本以為，愈親近反而魅力愈高耶……」

「如果是真的具有魅力的事物，或許是這樣沒錯。但是人不一樣——一旦距離近了，就會產生親密感或依戀感，而不再有『魅力』。而且，說實話，我們不可能和所有人都拉近距離，對吧？但如果你沒辦法讓人覺得有魅力，就無法提升自身價值。這時候，就該利用相反的邏輯來創造價值。」

「也就是說……？」

「比如……我們拿藝人來舉例吧。撇除他們有某些特殊才藝，其實藝人也只是普通人。他們也會開心、會生氣，但為什麼大家會渴望見到他們呢？正因為見不到，才會想見。對了，你身邊有藝人朋友吧？」

「有，但不多。」

「你第一次見到他們時，感覺如何？」

「當然是超級感動啊！畢竟以前只能在電視上看到他們。」

「確實。但之後見多了，那份感動是不是就漸漸淡了？」

聞言，我才驚覺確實如此。雖然多了些親切感，但已經沒有一開始的那種感動了。

「我等下還會再講得更詳細。總之，演藝圈其實就是靠著『刻意保持距離』來維持魅力的。」

原來如此，我彷彿看清了這其中的一個機關。

「不只藝人，其他名人、甚至名牌也一樣。正因為昂貴、稀有、難以取得，人們才會對其懷抱憧憬。無論是名牌包還是高級車，一旦擁有了，就成為日常的一部分，感覺自然會淡去。

距離太近，魅力就會下降。

我曾在電視上看到某人說：『富士山遠看很漂亮，實際去看就只是座石頭山。』說實話，這種話對富士山來說挺無禮的，它可能會想：『既然這樣，就別來啊。』

但這就是人性。世上沒有完美的人，太靠近就容易看到他們的缺點和瑕疵；適度保持距離，反而更容易看到對方真正的優點與價值。

還有啊，做生意的，永遠都必須懂得如何營造出『新鮮感和魅力』，你懂嗎？」

「是的，我完全理解！」

「就是這樣。所以我想說的是，透過『刻意保持距離』，你自己也會變得更有價值。不要讓自己變成誰都能輕易見到的人，這樣不只能把時間花在其他重要的事上，也更有餘力去珍惜真正重要的人。」

原來如此，我徹底明白了。

「魅力的第一個祕密武器，就是『距離』。」

讓人自然聚集的方法

「然後啊……嗯，還是算了，就講到這裡吧。」

「咦？為什麼？我正聽得津津有味耶！」

導師沉默了一會，接著說：

「答案其實就是剛剛那句。」

「蛤？」

「你剛才是不是突然很想聽下去？」

「對，非常想。難道……剛剛是在開玩笑？」

「哈哈，不是玩笑，那就是答案啊。聽好囉，魅力的第二個關鍵是『神祕感』。」

「神祕感？」

「對。愈是被隱藏的東西，人就愈想知道。我們總是忍不住想窺探別人的祕密，對未知的事情抱持強烈的好奇心。」

「確實是這樣。」

「這背後其實是有原因的。人類的本能中，本來就帶有好奇心。當我們心想：『那裡面藏著什麼？』『接下來會發生什麼？』身體就會不由自主地開始行動。人之所以會努力追求某個目標，常常就是基於想體驗未知結果所帶來的感覺。換言之，好奇心就是動力來源。」

「原來如此，我能理解。」

「那麼，你還記得我說過魅力的第一個要素是什麼嗎？」

「是距離。」

「沒錯，是距離，但光有距離還不夠。如果只是拉開距離，人們會慢慢遺忘你；距離加上神祕感，才能真正提高魅力。所以，即使保持距離，也一定要製造出『動靜』。」

「動靜……？」

「對。最理想的情況，是有人主動替你創造口碑；這點難以達到的話，就需要你自己去製造些動靜。比如主動發布自己的行動，或者做一些很吸睛、極具戲劇性的事。這些都是必要的過度動作。

這樣一來，人們就會想：『那個人到底在幹嘛？』而被吸引過來。也就是說，持續刺激好奇心，同時維持神祕感，保持這兩者的平衡很重要。因此，事情愈有『戲劇性』，愈容易吸引人。」

我聽到這段話後已過了十幾年，世界早已變化。

正如正文中提到的，社群媒體與YouTube成為新的溝通工具，徹底改變了人們相遇與交流的方式。

YouTube上就有一支完美說明「藉由刺激好奇心來吸引群眾」的影片，我簡單說明一下內容：

在一片草原上，有一個人忽然開始開心地跳起舞。

周圍的人起初一臉狐疑地看著他，邊笑邊說：「這人在幹嘛啊？」

但他完全不在意，繼續開心地跳舞，結果第二個、第三個人也加入，開始一起跳。

而且，看起來超級快樂。

隨著時間過去，圍觀的人愈來愈多，最後形成一場盛大的舞蹈派對。

你可以在YouTube上搜尋「How to Start a Movement」，有機會的話一定要去

看看。

「所以啊，就算你做到了保持距離，也擁有神祕感，但如果沒有『看起來有趣』的表現，還是不夠的。因此，魅力的第三個祕訣就是『表現力』。」

「意思是不有趣就不行囉？」

「沒錯，就是要有趣！就像天照大神躲進天岩戶洞穴時，外面的眾神辦了一場熱鬧的宴會，結果將她引了出來。關鍵就在這裡，我們必須創造出讓人『忍不住想看』的有趣動靜。」

「明白了，這我還滿拿手的。」

「不管是做生意還是交朋友，只要你有魅力，事情就會順利。有些人會說：『我才不在意別人的眼光。』但這樣是不行的。身為成熟的大人、或是一名專業人士，應該時刻意識到自己在別人眼中的樣子來採取行動。這本身就是一種演出。

在有一段距離的地方，看起來很開心地做著什麼，同時讓人感覺門檻很高、不易接近，這樣自然就會提升魅力。

總之，提高魅力的第二個方法是『神祕感』、第三個方法則是『表現力』，懂了嗎？」

「完全明白了，我會開始好好篩選該見的人。」

製造反差感

「嗯，這樣很好。最後，我再講一件事。其實要提高魅力還有一個條件——你想知道吧？」

「當然想知道啦！我現在的好奇心已經被您激發到極限了，別再吊我胃口啦。」

「哈哈，好吧，那我說。最後一個關鍵是『反差』。」

「反差……我好像有點明白您想說什麼了。」

「就拿我們剛才提過的藝人來說吧。對你來說，藝人是怎樣的形象？」

「嗯……一言以蔽之，就是感覺很有距離感、高高在上、不太好親近吧。」

「這應該是大多數人都會有的印象。但如果你真的遇到對方，發現他其實非常親切、平易近人，會有什麼感覺？」

「我會瞬間對他產生好感。」

「對吧？這就是反差的力量。人們通常會根據一個人的身分或地位，預設他會是怎樣的人。而當看到一家大公司的老闆，卻一點也不自大；或者超有錢的富豪，卻跑去小巷的小酒館開心地喝啤酒，就會讓人感覺到反差。」

這樣的場景我很容易想像。

因為我身邊遇到的那些值得尊敬的大人物，幾乎都是擁有這種「反差」的人。可以說，正是因為他們身上有這種出乎意料的魅力，我才願意一路追隨。

我記不清有多少次因為受這種自然流露的反差所吸引，心裡產生「我也想成為這樣的人」的想法。

「人不會討厭有地位這件事，他們討厭的是仗勢欺人的態度。因此，擁有自信的同時，不自大而待人溫柔，這才是關鍵。如果連這都做不到，還想成為有魅力的人，那根本是天方夜譚。

所以你要一直提醒自己：不驕傲、不自滿、保持態度溫柔。當你慢慢成功、社會地位提高之後，若還能維持這樣的態度，這種『身分與行為之間的落差』就會成為你吸引人的地方，也會讓你的魅力大大提升。」

「原來如此。」

「要學會**正向地打破別人的預期和和諧感**。就像大家對章魚燒店的印象，通常是理平頭的大叔圍著毛巾，滿頭大汗地烤章魚燒；這時你就可以顛覆這個形象，穿得超時尚、找幾個帥氣的小夥子一起賣章魚燒，反而會更有魅力，因為這樣有反差。」

「確實，我的員工常被說不像章魚燒店的人呢。」

「再比如說，就算你達成理想成為作家，也不用蓬頭垢面地坐在書桌前，像個宅男一樣埋頭寫作。你可以把自己打理得很時尚、保持健壯的身材，讓人看到你時都會驚訝地說：『咦？這種人也會寫書？』這樣就成功製造反差感了。」

原來如此！這真的很讚！不管是當章魚燒店老闆，還是當作家，這種反差感我都喜歡。

我忍不住會心一笑。

「你未來在各個領域一定會有所成長和發展，屆時一定會吸引來許多想見你的人。」

「哇，光是想像就覺得超帥，真嚮往那種未來！」

「這時，如果對方說：『雖然他平常感覺有距離感、有點神祕、總是話題不斷，想見卻又見不到，但是當我真的見到他時，發現他很有親和力、乾淨又溫柔，真讓人驚訝。』這就是最高級的魅力了。」

「太棒了！我一定會朝這個方向努力的！」

「要善用正向的反差，去演出你的獨特風格。」

魅力＝距離×神祕感×表現力×反差

仔細想想，不管是商業上還是人際關係上，這條公式都能廣泛適用。

如果你也能善用這條法則，一定會讓人生變得更精彩，我真心希望各位也能用得上。

【作者簡介】
永松茂久
人財育成JAPAN股份有限公司（株式　社人財育成JAPAN）代表董事／Century Publishing Office（センチュリー出版オフィス）負責人。
出生於大分縣中津市。2001年，從僅有三坪的章魚燒攤販起家，2003年創立餐廳「陽なた家」，憑藉口碑吸引大量顧客，年來店人數高達4萬人（其中1萬人來自外縣市），成為極具人氣的餐飲名店。其經營理念並非「招聘一流人才」，而是「將現有員工培養成一流人才」，這種獨特的培訓方法備受好評。其後在全國各地舉辦演講與研討會，傳遞「個人價值」的重要性，深受年輕人支持，累計聽眾人數超過60萬人。
2016年，其事業重心轉向東京麻布，除了專注於寫作外，還積極從事次世代作家培育、出版諮詢、企業管理顧問、出版支援、演講與研討會等多項業務，身兼企業家與作家雙重身分。
出版領域中，於2021年推出的《共感對話》（三采出版）榮獲該年度全書籍類別綜合排名第1名（據日販調查），並連續兩年在商業書籍類別奪冠，2022年2月更是突破百萬冊銷量，同年上半年再次獲得銷售冠軍。
其他著作包括：《1分鐘讓人敞開心房，100%博得好感的聆聽對話術》（商周出版）、《成為讓別人快樂的人》（圓神出版）、《成為你想要的自己！打破安逸的20歲光陰，贏在社會起跑點》（楓書坊出版）、《30有成》（平安文化出版）、《40代をあきらめて生きるな》（きずな出版）、《在り方 自分の軸を持って生きるということ》（サンマーク出版）、《感動の条件》（KKロングセラーズ）等，累計銷量已突破320萬冊。

永松茂久的官方網站：nagamatsushigehisa.com

極簡人脈——社交過載時代下，打造你的黃金關係圈

出　　版／楓書坊文化出版社
地　　址／新北市板橋區信義路163巷3號10樓
郵政劃撥／19907596 楓書坊文化出版社
網　　址／www.maplebook.com.tw
電　　話／02-2957-6096
傳　　真／02-2957-6435
作　　者／永松茂久
翻　　譯／楓書坊編輯部
責任編輯／邱凱蓉
內文排版／邱凱蓉
港澳經銷／泛華發行代理有限公司
定　　價／360元
初版日期／2025年6月

國家圖書館出版品預行編目資料

極簡人脈：社交過載時代下，打造你的黃金關係圈 / 永松茂久作；楓書坊編輯部譯. -- 初版. -- 新北市：楓書坊文化出版社, 2025.6　面；　公分

ISBN 978-626-7730-01-0（平裝）

1. 人際關係　2. 社交技巧

177.3　　114005610